知的生きかた文庫

50代から強く生きる法

佐藤　伝

三笠書房

はじめに

50代からの人生格差――もとは「心の差」

50代は、あらゆる意味で「大きな差」がつく年代です。

実年齢以上に老け込む人もいれば、まだ40代前半のように見える人もいる。

「気難しい」と煙たがられる人もいれば、「相談したい」と慕われる人もいる。

「こんなはずじゃ」と後悔する人もいれば、自分の人生に満足している人もいる。

人生の後半に入って、なぜ、このような差が生まれてしまうのでしょう。

長年勤めてきた「会社」や「給料」が原因でしょうか。仕事やプライベートの「人間関係」に問題があるのでしょうか。それとも、「資質」や「運」の差でしょうか。

どれも人生の一部ではありますが、人生の格差を決める原因とは言えません。

50代からの「人生格差」を生む真因とは、**「いま、このときの心」の差**にあります。

50代とは、そろそろ自分の行く末が気になる年代。「定年後も働けるだろうか」

「元気でいられるだろうか」と、将来に漠とした不安を抱く人は少なくありません。

その一方で、「いま我慢をすれば、いい未来がやって来る」と、明るい未来に希望を託し、「いま」を犠牲にしながら過ごす人もいます。

しかし、どうやってみたところで、私たちは**「いま、ここ、わたし」を生きるしかありません。**「未来」はあるようでいて、じつは存在しないのです。あるのは、つねに「いま」という名のこの瞬間だけ。その時になれば、それは「いま」だからです。

お釈迦様は、人生は目的のある旅ではなく、「観光旅行のようなもの」と言いました。「観光」とは「光を観る」こと。つまり、**「楽しいこと、嬉しいこと、ありがたいことだけに目を向けて、いまを大事に丁寧に過ごす」**という教えです。

若い頃は、「自分以上の自分に成長する」ために、ときには、歯を食いしばって「必死」でがんばることも必要です。でも、50代のみなさんに、「必死」は似合いません。「必死」は「必ず死ぬ」と書くように、苦しさ、辛さを伴い、「いま」を味わう余裕がないからです。

50代のみなさんには、豊富な人生経験があります。仕事で培った十分な知識、実績、人脈、大人の分別もあるのです。

必死でがんばるのは若い人たちにまかせ、そろそろ、楽しいこと、嬉しいこと、ありがたいことだけに目を向け、**「気楽に、身軽に、愉快に」生きていこう**ではありませんか！　本書では、そんな「人生を愉しむヒント」を存分にご紹介します。

◎「長生き」のコツは「長息」にあり

◎心配はやめる。心配をすると、心配が現実になる

◎両手を合わせると、怒りは消える

◎食だけでなく「食」と「器」を愉しむ

などなど、簡単にすぐ実践できることばかりです。手放すべきは手放し、受け入れるべきは受け入れ、「ありのままの自分」を楽しみましょう。

50代は、**人生が最高に充実する「ゴールデンエイジ」**——。ビビッと感じた興味のあるものから試して、50代以降の命のエネルギーを思いっきり輝かせてください。

佐藤　伝

『50代から強く生きる法』❁もくじ

1章 50代は「この心構え」でうまくいく。強くなる

2章 人生後半、「運を味方につける」生き方

3章 健全なる50代は、健全なる体と心から！

5章 強い50代は自分だけでなく、人も幸せにする

編集協力――中村富美枝
本文DTP――川又美智子

1章

50代は「この心構え」でうまくいく。強くなる

50歳からは「生かされている」

「努力が報われる」法

人生50年。

つい昭和の初期頃まで、日本人の平均寿命は50歳というところでした。

しかし、いまや日本は世界でもトップクラスの長寿国となりました。

50歳は、まだまだこれから。やりたいことも、やらなければならないことも、たくさん抱えています。

ところが、自分の人生について、「一生懸命生きてきたのに……」と納得いかない気持ちに襲われやすいのも、この年代の特徴なのです。

一生懸命働いてきたのに、老後の資金もままならない。

一生懸命育てた子どもが、反抗して出て行った。

一生懸命尽くした夫が、浮気をしている。

一生懸命ローンを返してきたマンションは、すっかりガタがきている。

といった具合。

人生の半分以上まで生きてきて、「こんなはずじゃなかった」とショックを受けるわけです。

じつは、こうしたショックは、すべてある思いから生まれます。それは「自分は生きている」というものです。もちろん、誰だって、「自分は生きている」と意識しているはずです。「死んでいないんだから生きているさ」と。

しかし、ここに大きな勘違いがあります。

あなたは**「生きている」のではなく、「生かされている」**のです。しかも、宇宙の完璧なシナリオによって生かされています。

私の母方の祖父は、多田等観《ただとうかん》という仏教学者です。

多田等観は、ダライ・ラマ13世（1876〜1933。現在のダライ・ラマ14世の前のダライ・ラマです）に謁見し、10年間もの苛酷な修行を積んで、チベット仏教に関する多くの貴重な資料を日本に持ち帰りました。祖父は40年以上前に他界しましたが、いまもその功績は高く評価されています。

私自身は仏教学者ではないし、寺の息子でもありません。しかし、幼い頃から祖父を通してチベット仏教の神髄を教わってきました。

チベット仏教の最高学位であるゲシェーとなった祖父は、**宇宙のすべてに完璧なシナリオがある**と教えてくれました。

太陽や火星や地球の未来といった壮大なレベルのシナリオもあれば、私たち一人ひとり、あるいは花や虫といった小さな生命体のシナリオも、一つひとつ完璧にできあがっているのだと、祖父は私に話してくれました。

❂「生かされていること」に感謝

よく知られているように、私たちの体の細胞にはＤＮＡという設計図が書き込まれています。このDNAによって、その人の生命の特徴が決定づけられています。

しかし、それは受精卵が自分で書き込んだものではありません。

では、いったい誰がそれを決めたのでしょうか?

それこそが、まさに宇宙のシナリオなのです。

細胞のDNAに設計図があるように、私たちの**人生にもあらかじめ決められた設計図がある**のです。

そうした一人ひとりが存在して、うごめいているのが地球。その地球もまた、大きな宇宙のシナリオに沿って存在しているのです。

ただ、あまりにも小さい存在である私たちは、大きな宇宙を意識することがない。だから、あたかも自分で生きていると思っているけれど、じつはそうではないということなのです。


禅宗のお坊さんに「何か揮毫《きごう》してください」とお願いすると、「丸ちょん」といって、丸の中にちょんと点を打つものを書いてくれることがよくあります。

丸は、大きな宇宙（マクロ・コスモス）。

ちょんは、小さな宇宙（ミクロ・コスモス）を表すそうです。

私たちは、自分の未来を自分で切り開いていくというふうに考えているけれど、大きな宇宙のシナリオではすべて決まっていて、それに沿って生かされているのだとしたら……。

しかも、**そのシナリオが、「よくなるように」決まっている**としたら……。

なんだか、ぐーんとラクになる気がしませんか？

少なくとも、「こんなにがんばってきたのに、どこで間違ったのか……」というような思いからは解放されるでしょう。

一見、悪いこと、つらいこと、嫌なことに思えるような現象も、すべて向かうべき方向に向かっている。だから、なにが起きても安心して宇宙のシナリオに身をまかせていれば大丈夫。

この生き方のＯＳを、まずは心にインストールしてください。

「生きている」ではなく、
「生かされている」のです

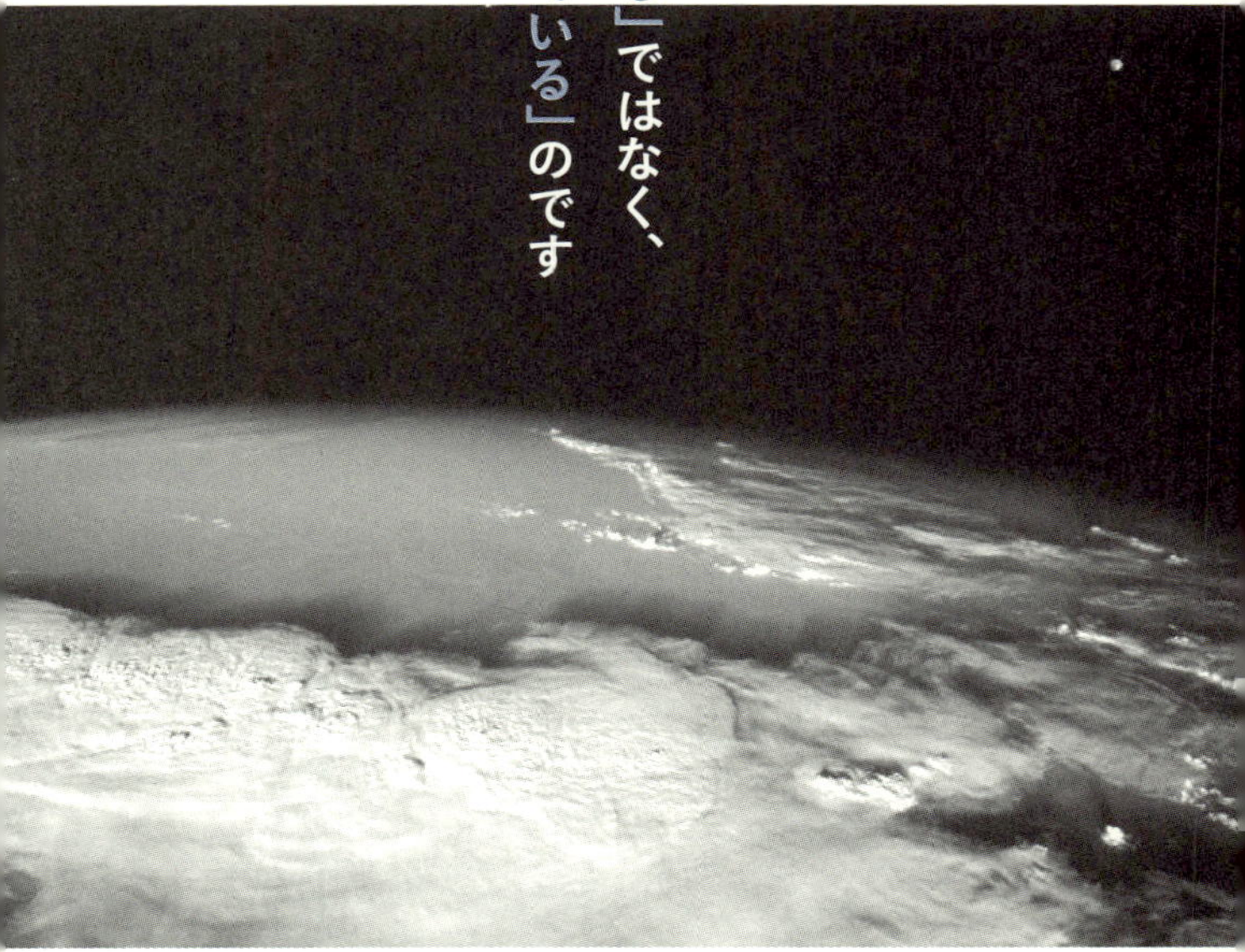

STS-91 Crew, NASA

両手を合わせると、怒りは消える

「イライラがなくなる」法

先日、私が乗っている電車が、信号機故障の影響でストップしました。

そして、「運転再開時間のメドが立っていません」というアナウンスが流れました。

幸運にも、私が乗っていた電車はある駅に停車していたので、駅前からタクシーに乗り換えることができました。ただ、駅と駅の間で混み合った車内に閉じ込められている人たちは、どうすることもできず、さぞや大変だったでしょう。

「駅にいてラッキーだったな」と改札を通り抜けようとしたら、私と同じくらいの年代の男性が数名、駅員に詰め寄っています。

「運転はいつ再開されるかって、聞いてるんだ！」

「こっちは、大事なアポがあるんだ！」

「ここから東京駅まで、どう乗り継げばいいのか教えろ！」

みんな、すごい剣幕です。電車トラブルのイライラに加え、周りにいた人までも、イヤな気分になってしまいました。


彼らの言い分は、どれもこれも、言っても仕方のないことのように思えます。駅員も運転再開時間などはわかりません。駅員に文句を言っても電車が動くわけではありません。乗り継ぎについては、自分でスマホで調べれば済む話でしょう。

こうした、「言っても仕方のない」怒りを爆発させるのは、たいていが中年世代のように見受けられます。ゆとり世代に代表されるいまの若い人たちは、厳しい競争を強いられることが少なかったからか、あんまりカッカしないようです。

それに比べて**50代は、なんだか怒りっぽい**のです。

でも、彼らだって、怒りたくて怒っているわけではありません。

本当は穏やかに過ごしたいのに、どんどん頭に血が上って自分でも抑えられなくなっているだけでしょう。

クールな若者たちの横で、感情を爆発させている50代はかっこ悪い。いや、かっこ悪いだけでなく、血圧が上がって自身の健康にもよくありません。

イライラしがちだと自認している人は、その気持ちが爆発する前に収める習慣を持ちましょう。

イライラしたら「たなごころを触る」

普段から私が行なっている、とっておきの「イライラ防止法」。

それは、「イラッ」ときたら、**すぐに右手と左手を合わせる**というものです。

片方のげんこつをもう一方の手のひらで包み込むようにしてもいいし、手のひら同士を合わせる合掌スタイルでもOK。とにかく両方の手をくっつけると、自分の中の攻撃性が鎮まっていきます。

手のひらは、一文字で「掌」と書きます。この字は**「たなごころ」**と読み、**ここを刺激すると気持ちが穏やかになる**と、昔から知られていました。

テレビの時代劇などを見ると、商人が、よく揉み手をしていますよね。

「はいはい。ごもっともでございます」……頭を下げ、愛想笑いをしながら、両手を揉み揉み。無理難題を言ってくるお客に対して、自分が怒ってしまったら商売になりません。揉み手でたなごころを刺激し、激高する気持ちを収めているわけです。

そもそも、**両方の手が離れているときには、私たちは攻撃的になっている**ことが多いのです。

「売上目標達成するぞ！　えいえい、おー!!」と高く拳を突き上げるとき。

「負けないぞ！　かかってこい!!」と構えるとき。

「弊社と契約していただければ、後悔はさせません！」と説得するとき。

いずれも、両手は離され外に向いています。イライラしているときも同じです。

この手をくっつけるだけで、外に向いていた気持ちが内側に収まっていきます。

江戸時代と現代と、私たちに受け継がれているＤＮＡは変わりません。たなごころを刺激するのは、思いのほか効果がありますよ。

イヤなことがあったら「そうか、そうか、そう来たか」

「何があっても動じない」法

会社勤めをしている50代、とくに男性は近所づき合いが苦手です。

苦手というよりも、自分には必要のないことと考えている節があります。

彼らにとって大事なのは仕事の人間関係であって、「ご近所にはなんの世話にもなっていない」というわけです。

たしかに、いまはそうかもしれません。いえ、本当はいろいろお世話になっているのですが、本人が気づいていないのです。

しかし、50歳という年齢を意識したなら、考えは変わってくるはずです。

幸運にも100歳まで元気に暮らしていくことができると仮定しても、50代は人生後半。あなたは間違いなく折り返し地点に立っています。そして、その復路コースは、往路コースとは違うのです。

往路では、学校や会社といった中で過ごしてきましたが、復路では、ほとんど地域コミュニティで過ごすことになります。

だから、**近所づき合いを疎かにするということは、人生後半を相当つまらないものにする**ということなのです。

お釈迦様は宇宙について、「微塵《みじん》がくっついたり離れたりしているにすぎない」と説明しています。微塵とは、小さな小さな目に見えない粒、いまでいうクオーク（素粒子）のことです。はるか２６００年も前に、お釈迦様は最先端の量子物理学をすでに理解していたと言えましょう。

私たちの環境は、目には見えないけれど絶えず変化しています。

いまこの瞬間にも、空中でも地中でも微粒子が盛んに移動しています。同様に、私たち自身もまた、宇宙という空間の中で、あっちとくっついては離れたり、こっちとくっついては離れたりしているのだと、お釈迦様は看破していたわけです。

「そのくっついたり離れたりするのは、なんの力によるものですか」という弟子の問いに、お釈迦様はズバリ「縁の力だ」と答えています。

私たちは自分を取り巻く人間関係を自分で選んでいるつもりになっていますが、**じつは縁の力で出会っている**のです。

なかでも地域コミュニティは、「縁の力」に満ちています。

あなたが住んでいるマンションの隣の部屋にいる人は、あなたとご縁があったからそこにいます。上の階の人たちも下の階の人たちも管理人さんも、みんなご縁があるのです。

それを「なにもしてもらっていない」と無視して暮らすのか、温かい人間関係へと発展させていくのか。定年以降を考えたら答えは明らかですね。

❁イヤなことは「スルーする」習慣

近所づき合いを楽しむ。

ただ、こう言うと、頓珍漢な質問をする人が必ずいます。たとえば、「どう近所づき合いしていいかわかりません。旅行に行ったときにお土産とか買ってくればいいんでしょうか？」

「庭でバーベキューとかやって、誘ってみたらいいんですか？」

こういう質問をする人はたいがい、会社勤めをしている50代です。

そんな大げさなことは必要ありません。**すれ違ったときに気持ちよく挨拶する。**

それだけでいいのです。

「おはようございます。雨が降ってきましたね」

「ここのところ乾燥していましたから、助かりますよ」

「そうですね、お互い気をつけましょうね」

これだけで、人はどれほど温かい気持ちになるでしょうか。

もし、あなたがこれまでそうしたことに無頓着だったなら、ぜひ挨拶魔になってください。仕事の人間関係にはなかった、新しい世界が開けていくことでしょう。

もちろん、世の中にはいろいろな人がいますから、あなたが挨拶をしても無視されることだってあるでしょう。そんなとき、「こっちが気持ちよく接しているのに、なんだこいつは」とカリカリしたらあなたが損。「きっと大変なんだな」「疲れているんだな」とスルーしましょう。

前に述べたように、私たちは宇宙のシナリオで生きています。「俺のほうから挨拶したんだから、向こうも気持ちよく接していいはずだ」というのは、あなたがつくったエゴのシナリオ。エゴのシナリオで生きていると、そのシナリオ通りにならなかったときにイライラが炸裂します。

しかし、エゴのシナリオを手放して、「起こることはすべて必然」と思えたら、感じの悪い態度をとられたときにも、「そうか、そうか、そう来たか」と悠然と構えていられるはずです。

その姿勢こそが、たくさんの縁を引き寄せ、地域コミュニティを自分のサポーターにするコツなのです。

もっと大らかに、もっと悠然と

ちょっと不謹慎のほうが、人生うまくいく

「大事な場面で失敗しない」法

アメリカのプロバスケットボールリーグで大活躍した、マイケル・ジョーダン。マイケル・ジョーダンには、シュートを決めるときに舌を出すという奇妙なクセがありました。とくに、大事な場面では必ずと言っていいほど舌を出しました。

試合終了時間が迫ってきて、あとワンシュート決めるかどうかで勝敗が決まるというようなとき。観客が息を飲んで見守っていると、パスを受け取ったマイケル・ジョーダンは「ベローン」と大きな舌を出しながらシュートを打つのです。

そして、そのシュートは見事にゴールに吸い込まれます。

マイケル・ジョーダンは、ふざけているわけでもなく、ましてや相手チームや観

客をバカにしているのでもありません。

彼は本気です。

では、なぜ「べローン」と舌など出すのでしょう？

舌を出すのは、リラックスしてシュートを打つための、彼の大事な儀式なのです。

大事な儀式があるアスリートは、マイケル・ジョーダンだけではありません。

100メートル走の世界記録保持者、ウサイン・ボルトはゴール間際になって笑って見せたり、胸を叩いたりといったパフォーマンスをします。

それに対して、こと知り顔でぶつくさ文句を言う解説者がいます。

「あそこで、もっと真面目にやれば、さらに記録が伸びるでしょうに」

と。しかし、それは違うのです。あのパフォーマンスがあるからこそ、ウサイン・ボルトは記録を伸ばせている。

本人もすべて承知のうえの作戦なのです。

記録を伸ばせない短距離走者を見ていると、ゴール前10メートルくらいになると恐ろしい顔つきになります。

「このまま、ゴールまで順位を守り抜くんだ!」

眉間にシワが寄った必死の形相。

そんな彼らを、ニヤニヤしながらウサイン・ボルトが追い抜いて行くのです。

こうした光景は、元来、真面目な日本人としては、なんだか納得がいかないかもしれません。勝負がかかったときは必死になるべきであって、舌を出したり、ニヤニヤしたりしてリラックスするなんて、不謹慎だと思う人は意外に多いのではないでしょうか?

もしかして、あなたも必要以上に自分を追い詰め、いつもカリカリ・イライラしがちなのではありませんか?

緊張したら「ベローン」と舌を出してみる

じつは、**人は必死になった時点で負け**なのです。

というのも、人は必死になれば体に力が入ります。

体に力が入ると、本来望まれている動きがとれなくなります。いわゆる「リキミ」が出るからです。

スポーツの場面に限らずとも、こうしたことはよく起きます。

大事なプレゼンの前に何時間もかけて練習したのに、実際に顧客の前に立ったら声がうわずり、頭の中が真っ白になった……。

以前から好意を寄せていた異性と、飲み会で隣の席になった。なにを話そうか緊張している間に、横入りしてきたずうずうしい人間に話題を取られてしまった……。

若い頃のあなたにも、このような苦い経験があるのではないでしょうか？

それも、すべて「必死」だったせいなのです。

もちろん、若いときだったら必死も必要でしょう。必死に走ってどこかにぶつかって傷つくことで成長します。

でも、50歳をすぎたら、必死とはサヨナラしましょう。

あなたは、すでに充分に必死にやってきたのです。これからは、もっと不謹慎になりましょう。

鏡の前で、ニヤニヤしてみましょう。ベローンと舌を出してみましょう。そうそう、その調子でリラックス。

あなたに必要なのは、**「必死」ではなく「本気」**です。「必死」だとその文字が示す通り、必ず死んでしまいます。

肩に力の入った必死ではなく、自分の生命エネルギーである「本気」（本来の気）を出せば、リキまずともうまくいきます。「本気」になると元の気が自然と湧いてきて、「元気」にもなれるからです。

本気になるべきときほど、あえてリラックスして取り組んで、幸せな成功（ハッピー・サクセス）を引き寄せましょう。

余裕がある人、ない人、たった15分の差

「ゆとりが生まれる」法

ある編集者から聞いた話です。

担当している50代の有名作家は、いつも待ち合わせの場所に先に着いているのだそうです。編集者も10分前には行くようにしているのに、それでも著者よりあとになってしまうのがいつものこと。

遅刻しているわけではないけれど、著者を待たせることを申し訳なく思った編集者は、あるとき思い切って30分早く行ってみました。それでも著者は、すでに来ていたのだそうです。

びっくりしている編集者に、その著者は言いました。

「僕は、ギリギリに行動するのが苦手なんです。だから早く家を出て、こうしてホテルのティールームでゆっくり本を読んだり、人間観察したりしているんです。僕にとって楽しい時間なので、1時間早く着いていることもあるけれど気にしないでください」

とても多忙な著者だから、1分でも惜しいはずだと考えていた編集者は意外に思いました。「時間を大事にするって、いろいろなやり方があるんだな」と気づかされたそうです。

言われてみれば、その編集者も、ギリギリの行動は好きではありません。途中で電車が遅れたりしたときのイライラは、その日一日を落ち着かないものにしてしまうと感じていました。

それ以来、その編集者は誰との待ち合わせでも15分は早めに行くようにしました。すると面白いことに気づいたのです。

複数人で待ち合わせすると、その立場や年齢に関係なく、ある一定の人たちはかなり前に来ていて、そこで有意義な情報交換がなされている。ギリギリに来た人はそれを知らず、「間に合った」ことに満足していると。

「時間前に全員揃いましたね、素晴らしい。では始めましょう」となるのだけれど、ギリギリからスタートした人と事前の情報に触れた人では、その後の展開に雲泥の差が出ると理解したというのです。

人生万事「余裕がある人が勝つ」

早く到着してしまうのは時間のムダで、時間ギリギリに行動するのが要領がよくて得なことだというのは、若者特有の発想です。

経験を重ねた50代なら、その浅はかさがわかるでしょう。

物事すべて、余裕のあるもの勝ちです。

はじめての場を訪ねるなら、早く着いて場所を確認し、余った時間は書店に立ち寄ったり、カフェで書類に目をとおしたりしましょう。心身ともにゆったり準備できている人と、「間に合ったセーフ」と時間の綱渡りをしている人では、すでに勝敗は決しているのです。

なお、言うまでもないことですが、「自分は偉いから最後に行く」というのは愚の骨頂。

ときどき、部下に招集をかけておいて、自分は平気で会議に遅刻している上司がいます。こうした上司を見て、さすがに「偉い」とは誰も思いません。若い人たちより先に来ているくらいの50代こそ、「あの人はすごい」「余裕があるからこその行動なんだなあ」と尊敬されます。

時間に追われることなく、**行動をコントロールすることで「時」を楽しみましょう。**

いまの自分にないものは「必要ないもの」

「現実の幸福が実感できる」法

いま、あなたはどんな家に住んでいますか？

部屋はいくつあるでしょう？

ちょっと、これまで暮らしてきた「家の遍歴」を書き出してみてください。

学生時代や新入社員だった頃に一人暮らしをしていた家は、おそらく六畳一間のアパートでしょう。ちなみに私は、かなり長い間、四畳半の生活でした。

「狭いなあ、あと一部屋あれば」と願いながら暮らし、やっと二部屋のマンションに引っ越せた。「これで快適に暮らせる」と思ったのは少しの間で、またしても「もう一部屋あれば」と思うようになったのではありませんか？

この欲求はキリがないのです。

「もう一部屋あれば、寝室専用にできるのに」

「もう一部屋あれば、自分の書斎が持てるのに」

「もう一部屋あれば、お客さん専用の部屋がつくれるのに」

どれほど広い家に住もうとも、それに合わせて欲求も深くなるのが人間。私たちは、「人間とはそういうものだ」というところからスタートする必要があります。

お釈迦様は**「知足（たるをしる）」**という言葉を遺しました。

私たちは、すでにすべて足りていて、なにも望むことなどないのに、それを探し出しては苦しんでいるというわけです。

京都の龍安寺《りょうあんじ》を訪れる機会があったら、ぜひ「つくばい」に注目してみてください。中央の四角い水口を「口」という字に見立て、周囲を「五」「隹」「止」「矢」が囲んでいます。

上から時計回りに順番に読んでいくと「吾唯足知（われただたるをしる）」とな

ります。この境地に到達できたら、どれほど心穏やかに暮らせることでしょう。

しかし、実際にはさまざまな要素がそれを邪魔します。

人は人――幸せな人ほど、そう考える

私たちが「知足」できない原因の一つが「比較」です。

私たちはつい、**自分と誰かを比べて「自分にないもの」を探し出します。**

ブータンの国民の「幸福度」が高いことはよく知られていますね。さほど豊かとは思えない暮らしでも、国民の多くが「満足している」と感じるのは、彼らには比較する対象がないからでしょう。

ブータンにおいて、ごく少数の「満足できない」という人たちは、たいてい海外への留学経験者だそうです。

留学できるくらいですから、ほかの人たちよりも金銭的にも恵まれているでしょう。だから、留学するまでは「充分満足」だったと思うのです。それが、自分たちが持っていないものがあると気づいたときから不満足となるわけです。

ここが重要なところです。

ほかと比較するまでは満足していて幸せだと感じていたのに、比較したとたんに不満足で幸せではないと感じるようになった。しかし、実際には本人はなにも変わっていないのです。

なにも変わっていないのだから、相変わらず満足していて幸せなはずが、外部条件がそれをさせなくなったのです。これこそ、まさに「不幸な話」です。

比較グセのある人のどこが不幸かと言ったら、終わりがないことです。

世の中にはすごいお金持ち、すごいハンサムや美人、すごい天才というのがいます。でも、小さな比較をしているうちはその存在に気づきません。「あの人のラインに到達したら最高」と思っていても、実際にそのラインに到達すると、さらに高い山がそびえていることに気づかされます。

いつまでたっても「知足」できない人生を送ることからは、そろそろ卒業しましょう。

心配はやめる。心配すると、心配が現実になる

「将来に不安がなくなる」法

50歳の声を聞くようになると、将来について不安に思うことも増えてきます。

「定年後も働く場はあるだろうか」

「寝たきりになったらどうしよう」

「この家だって災害で壊れてしまうかもしれない」

「子どもたちが職を失うようなことはないだろうか」

しかし、こうしたことを考えるのは、まったく意味がありません。

まず、心配したからといって、それが現実になる可能性が減るわけではありません。むしろ**脳は考えていることを現実化しようとする**ので、不安が的中する可能性

は高くなっていきます。

それに、どうやってみたところで、私たちは「いま」を生きるしかないのです。

あなたも私も、いまというこの瞬間にしか存在しません。未来という時間はあるようでいて、じつは存在しません。そのときになれば、それはいまなのです。

私たちは幼い頃から、「○○すれば↓結果が出る」という二段階思考を埋め込まれてきました。

「いい子でいれば、褒められる」

「がんばれば、志望校に受かる」

「努力すれば、スタメンになれる」

「売上を立てれば、出世できる」

たしかに、勉強しなければ試験には受からないし、売上を立てられない人が出世していくのは難しい話です。しかし、これが「いま、我慢すれば↓いい未来が来る」に置き換わってはなりません。

ある程度の貯蓄や、健康を保つための努力は必要ですが、それによっていまを苦痛に満ちたもの、つまらないものにするのは本末転倒です。

未来はいまの延長線上にあるのですから、**いまが犠牲感でいっぱいなら、いい未来は絶対にやって来ません。**

「人生を楽しみきる」コツ

それに、「いま、我慢すれば↓いい未来が来る」というのは、一見将来を見据えた前向きな姿勢のようでいて、じつに危険な考え方なのです。

なぜなら、「いい未来を期待する」ということは、いまが「ダメ」だという判断をしているからです。

いまを生きていること自体が本当はとても幸せなことなのに、その本質について深く考えもせずに「ダメ」「ダメ」と言いながら上を目差している。

すると、いったいどういう結果になるのでしょうか？

60歳になっても70歳になっても「ダメ」「ダメ」。

部長になっても常務になっても「ダメ」「ダメ」。

永遠に自分にマルをあげることなく、死ぬまでひたすら「フーフー」言いながら階段を上るだけの人生となります。

じつは、こうした思考こそがさまざまな不安を呼び込む原因なのです。

たとえば、健康に対して不安を感じやすい人は「80歳になっても健康でいられるように好きなお酒はやめよう」などと考えます。お金に不安があれば「70歳になったら夫婦で豪華な旅行をしよう。それまで我慢だ」などと考えます。

しかし、実際にその年齢になっても自分を解放することはできません。

「このまま、やっぱり90歳になるまでお酒はやめておこう」

「旅行はもう少し我慢したほうがいいかも」

いつまでたっても「楽しみきれないいま」を集積していく結果となります。

それはそのまま**「楽しみきれない人生」**です。そして、「人生とはこのように楽しくないものなのだから、もっとなにか大変なことが起こるだろう」と不安妄想を膨らませてしまうのです。

いまの自分に、
「マル」をあげよう

「もったいない」を口にすると、損をするよ

「身も心も軽くなる」法

「なにか整理するのに使えそうだね」

お菓子が入っていた木箱を、後生大事に取っておく人。

「流行は繰り返すから、また着るときもあるかもしれない」

10年前のスーツが、なかなか捨てられない人。

こうした人たちの口グセは「もったいない」。最近ちょっとした「もったいないブーム」が起きて、なんでもかんでも再利用しようという動きが見られます。

一方で、「片づけブーム」もあり、そこでは使わないものは思い切って処分することが推奨されています。

50代くらいになると、人によってこの傾向が真っ二つ。「もったいない派」と「片づけ派」に、面白いように分かれていきます。

さて、あなたはどちらでしょう?

「もったいない派」と「片づけ派」を人生の損得で見てみると、「片づけ派」に軍配が上がります。一見、エコに貢献しているかに思える**「もったいない精神」は、あなたの人生をけっして豊かにしてはくれません。**

お金のない若い頃は別にして、いい大人になったなら、「もったいない派」からは卒業することをおすすめします。

そもそも、お菓子の木箱も古い服も、活用していないなら、もったいなくなんてありません。それどころか、使わないものを置いてあるということは、その分の場所代＝家賃が生じているということ。こちらのほうが、はるかにムダです。

それに、「もったいない」という言葉自体、あんまり縁起のいいものではないのです。

❁「いつか使うかも」は「永遠に使わない」

「もったいない」の「もったい」は「勿体」と書きます。
勿体の意味するところは、「本来の姿」です。つまり、「もったいない」とは、「本来の姿がない」ということなのです。

たとえば、カップソーサーは、カップがあって「勿体ある」。肝心のカップがないから「勿体ない」。言ってみれば「もったいない」は、不完全な状態なのです。

「もったいない、もったいない」と、連呼していたら、あなたの人生も不完全なものになりかねません。

「いつか使うかも」は「永遠に使わない」。このことを肝に銘じて、余計なものをどんどん捨ててしまいましょう。

いざ捨てようとしたとき、もっとも悩むのが思い出の品。
写真や手紙、人からもらったお土産品などを捨てることに罪悪感を抱く人もいるでしょう。しかし、考えてみてください。

「うーん、どうしよう。でもなんだか悪くて捨てられないし、取っておくか」

あなたが誰かに出した手紙やあなたが写っている写真が、そんなふうに相手の負担になっているとしたら心外ですよね。「いいから早く捨ててよ。取っておいてくれなんて頼んでないよ」と思うでしょう。だから捨てていいのです。

写真や手紙を捨てるときのコツは、シュレッダーを横に準備しておくこと。プライバシー保護の観点はもちろん、シュレッダーにかけてしまえばもう元に戻りませんから、かえって気持ちが整理されます。

「あーあ、ついにシュレッダーにかけちゃった」と最初はしんみりするかもしれません。でも、だからといって、**困ったことはなにも起こらない**ということに気づくでしょう。

「捨てても大丈夫だった」――こう感じられたらこっちのもの。どんどん捨てグセをつけて、身軽で快適な毎日を送りましょう。

シンプル・ライフの中にしか人生の安穏はありません。

50代の人生は、「観光旅行」のようなもの

「毎日が輝いてくる」法

大手保険会社で企画部長を務めるSさんは、55歳。

来春の人事で取締役への昇進が噂されています。自分自身、同期の中では出世頭と認識しており、仕事についての満足度はかなり高いようです。

そんなSさんの悩みの種は一人息子。

有名国立大学を卒業して、Sさんの会社の関連企業に就職したのに、わずか1年で辞めてしまったのです。その後、とくに定職につくでもなくブラブラしています。アルバイトはしていて、さすがに小遣いをせびることはないけれど、Sさんは息子の将来を考えると暗い気持ちになります。

「ちゃんとしたところで働かないでどうするんだ。俺がどこか探そうか」

Sさんが心配して声をかけると、息子は露骨に嫌がります。

「お父さんの紹介してくれた会社には、僕の居場所はなかった。だから、もうかまわないで。自分のことは自分でやるから」

かつてSさんは、息子も自分と同じように有名企業で出世していくものと考えて疑いませんでした。ところが、息子は自分のような生き方に価値を見出してはいないようなのです。そんな息子を見ていると、「あいつの人生の目的はなんなのだろう」と考え込んでしまうのです。

さて、人生の目的とはなんなのでしょう？

Sさんは目的を持っていて、息子さんにはそれがないのでしょうか？　そもそも、Sさんは人生の目的を果たしているのでしょうか？

大事なことは、**「私たちの人生には目的などないのだ」**と知ることです。

人生に目的があるのだと考えている人は、永遠にそれを探し出すことができないまま悶々とすることになります。どんな哲学書を読んだって、「そうだ、人生の目的とはこれだ」という答えは書いてありません。

Sさんは、会社での出世に大きな目的を見出しているつもりのようです。しかし、死の床にあって「俺は大手保険会社で、取締役になったから人生の目的を遂げた」と満足できるでしょうか？　そんなことはないでしょう。

「観光旅行」とは「光を観る旅行」

「私たちはなんのために生きるのか？」――じつは、この質問こそ間違いなのです。私たちは、**ただ「生かされている」だけ**。私たちがすべきことは、いまこの一瞬一瞬を感謝して命を輝かせて生きることだけです。

幸せな「いま」を積み重ねていったところに死があれば、その人生はいいものだったと言えるでしょう。しかし、多くの人が本当はありもしない「目的」のために、いまを犠牲にしてしまうのです。おそらくSさんもそうでしょう。

「俺は、目先のことではなく将来を考えてやってきた。仕事で出世したいと願ったのも、家族の将来を思ってのことだ」

だから、自分は我慢してきたのに、息子もいまを快適に過ごすことなどは後回しにして大企業に勤めなくてはならないと考えるのです。

もしかしたら、息子さんはそんな父を否定しているのかもしれません。

人生は、目的のある旅ではなく**「観光旅行」くらいに捉えたほうがいい**のです。観光旅行とはその漢字が示している通り「光を観る」旅です。楽しいこと、嬉しいこと、快適なことだけに目を向けていまを大事に過ごす。その連続が、私たちの人生です。

Sさんも息子さんも、いまはとくに体の不調もありません。それだけでとてもありがたい光であり、それを見てニコニコ喜んで感謝するだけなのです。息子さんが定職につけなくとも、自分自身が取締役になれなくても、そんな陰の部分を見る必要はありません。

私たちは、一生、観光していていいのです。

楽しいこと、嬉しいこと、快適なこと――
この一瞬一瞬に、感謝

じつは誰もが、人より恵まれている

「いいことが次々起こる」法

「最近、実家の母が、とみにグチっぽくなった」……。

仕事で知り合った30代の女性が、こう嘆いていました。彼女は一人っ子で、東京で仕事をするために実家を出たので、お母さんは現在、会社勤めをしているお父さんと二人きりで暮らしています。

「あなたがいなくなって、寂しいわ」

「お父さんとじゃ会話もないのよ」

「ホントに、年をとるってイヤだ、イヤだ」

彼女の携帯に電話をかけてきては、こんなことばかり言うのだそうです。ある日、仕事で疲れて早く眠りたかった彼女は、お母さんにきつく当たってしまいました。

「お母さん、文句ばかり言わないで。お父さんだってがんばって働いているんだし。一人で遊びに行ったりすることだってできるでしょ！」

すると、お母さんは「あなたまでそんなことを言うなんて」と、乱暴に電話を切ってしまったそうです。


このお母さんは、まだ50代。

体もとくに悪いところはないそうです。地方都市に住んでいて、電車に30分も乗れば、映画館もデパートもスポーツクラブもあります。お父さんは若い頃から賭け事もやらずに真面目に働いて、老後の蓄えもそこそこあります。

言ってみれば、比較的「恵まれている50代」です。

それなのに「つまんない！」と思ってしまう。

人から見れば「うらやましい」と思われるような状況にありながら、不満が先行している人は、男女問わずにけっこういます。

このような不平・不満は、20代の頃なら、仕事をがんばる原動力にもなり得ます。

しかし、50代でそれをやっていると「自分の人生完全否定」の響きアリ。聞かされている周囲もやり切れない気分になります。

「感謝するようないいこと」がたくさんある

本当は、毎日、事故にも遭わずに健康に過ごせているだけですごくラッキーなこと。このお母さんも、病気で体が動かなくなったりしたら「あのとき文句だらけだったのは間違っていた」と気づくはずです。

ただ、なかには、「それは理屈としてはわかるけれど、つまんないと思ってしまう気持ちはどうしようもありません」と言う人もいるでしょう。

そのような人は、「形」から変えていくことをおすすめします。

具体的には、**意識的に感謝の言葉を口にする**のです。

じつは、私たちの脳は、私たちが口にした言葉をそのまま真に受ける性質を持っています。ですから、「ありがとうございます」を連発していると、「自分には感謝するいいことがたくさん起きているのだ」と思い込んで、本当にウキウキ楽しくなってくるのです。

感謝する気持ちがあろうとなかろうと「ありがとうございます」を言ってしまいましょう。

しかし、家族など身近な人に対して「いきなり変身」するのは難しい。「今日こそ、ありがとうを言おうと思ったのに、つい文句を言ってしまった」という結果になりがちです。

そこで、赤の他人でレッスンさせてもらうのです。

コンビニのレジでおつりを受け取るときに「ありがとう」。

道でぶつかりそうになった人がよけてくれたら「ありがとうございます」。

あるいは、誰もいなくてもOKです。たとえば、なくしたと思って焦っていた書類が見つかったとき、「あー、よかった」ではなく「ありがとうございます」と言ってみましょう。

感謝の言葉は、人に対して発するものと決まっているわけではありません。モノに対して、自然に対して、現象に対して……ありとあらゆる相手に「ありがとうございます」。この**「有り難う御座居ます」の感謝パワーが、「つまんない」日常を変革していく力になります。**

「有り難う御座居ます」と漢字で表記したのには、意味があります。

「有り難う」とは、「こんなことは、めったにない」という、いわば、「奇跡」のこと。「御座居ます」とは、「いま、ここにある」という意味です。

つまり、「有り難う御座居ます」という言葉には、「いま、まさに奇跡が起こっています。天の采配に感謝します！」というとても深淵な意味が込められているのです。いまを味わい尽くして生きる我々ゴールデン・エイジにとって、これほど強力なアファーメーションはありません。

「感謝の習慣」こそが、不足感と欠乏感にまみれた不平・不満人生を変えていく、たった一つにして最強の方法論なんです。

2章

人生後半、「運を味方につける」生き方

こんなとき「人生はよくなる」

「簡単に凹まなくなる」法

私たちは「生きている」のでなく、宇宙のシナリオに沿って「生かされている」。

だとすれば、自分の身に起こっていることはすべて必然ということになります。

懐かしい人に道でバッタリ会うのも、宝くじに当たるのも必然。同様に、どんなネガティブなことも、すべて必然。みんな決まっているのです。

では、どういう基準で決まっているのか?

それは、「よくなるように」決まっています。


ある50代前半の男性が、会社で肩たたきに遭いました。人事部に呼ばれ、半年以内に辞めるのなら退職金をはずむけれど、そうでないなら降格し給料も減らすと言われたのです。

一生懸命働いてきた男性は、会社に対して不信感でいっぱいになりました。

しかし、大学に進学したばかりの子どもがいて、まだまだお金がかかります。いまさら転職などできるわけもなく、なんとか会社に残ることにしました。

でも、針の筵《むしろ》に座っているような毎日。かつて部下だった人間が自分より高い地位に就き、男性のプライドはズタズタです。

「これまで会社のためにがんばってきたのに、この仕打ちか」

「いったいなんのために働いてきたんだろう」

妻の前でも、グチばかりが口をつくようになりました。

この男性に限らず、50代でリストラの憂き目に遭うビジネスパーソンはたくさんいます。

さて、これも宇宙のシナリオなのでしょうか? リストラや降格さえも、「よくなるように決まっている」宇宙のシナリオなのでしょうか?

いま起きていることは、いまの自分に必要なもの

「バカらしい。リストラされて、いったいどうよくなるっていうんだ?」

思わず、反論したくなりますよね。

たしかに、「点」で考えるといいことなどなにもありませんが、「線」で考えると違ってきます。

私たちは普段から、自分に起きる出来事を、一つひとつ別々の「点」として捉えています。それぞれ、バラバラに起きたことと考えています。

しかし、宇宙のシナリオではそれらは一本の線としてつながっていて、一人ひとりの**人生が最高の形で終わる**ようになっています。

つまり、悪い出来事にも、それなりにとても重要な意味があるのです。

それを知らずに、偶然起きた独立した別個のことだと思うから、悪い出来事にイライラしたりクヨクヨしたりすることになります。

「まさか50歳過ぎて、肩たたきに遭うなんて……」

「上司があの人じゃなければ違ったろうに……」

その偶然の出来事さえなければいいのにと、心を痛めます。しかし、それもまた、よくなるための一つの必然なのです。

お釈迦様は、弟子たちに面白い説法をしています。

「聞いてください、お釈迦様。仲間が私にひどい仕打ちをするんです。私は懸命に修行をして魂のレベルを上げようとしているのに、彼のせいで集中できないんです」

こう訴える弟子に、たった一言お釈迦様は穏やかに次のように言いました。

「すべてがあなたにちょうどいい」

それはね、いまのあなたにちょうどいいものだけが、周りに出現しているのですよ。彼はあなたにピッタリのレベルなんですよという意味です。

仲間をさんざんボロカスに言っている自分こそ、その仲間にちょうどいい人間であり、その仲間にされている仕打ちも、よくなるための必然だというわけです。

ちょっと、これまでの50年間を振り返り、その浮き沈みを図にしてみましょう。

そのときには「どん底だ」と思えたところが、重要なターニングポイントになってはいませんか？　「点」で捉えると最悪のことが、**「線」で見てみればV字回復の根源になっている**のではありませんか？

そもそも、何事においても「ずっと右肩上がり」などということはあり得ません。上がることもあれば、停滞することもあります。上がり続けていたらそのありがたみもわかりません。

「あのとき、心臓発作にならなかったら、私は死んでいた」

じつは、私自身にも、そういう経験があります。

もう20年以上も前のことです。私は、あるビジネスを軌道に乗せようと寝食を惜しんで働いていました。まさに「仕事こそすべて」でした。

ところが、なんとか上手く回り始めたと思った矢先、私はストレス性の心臓発作で倒れ、救急病院に搬送されます。非常に危険な状態で、医者は「手遅れだ」と見放し、私は臨死体験をするほどでした。

運良く生還できましたが、仕事は縮小せざるを得ませんでした。「なんで、こんな大事なときに」と悔しくてならなかったのを覚えています。

でも、いまならわかります。あのときの心臓発作は、私には必要だったのです。あのままがむしゃらに働いていたら、本当に死んでしまうか、あるいは、アグレッシブな性格のせいで、人間関係をすべて壊してしまったかもしれません。

あの経験のおかげで、私は**「いま」という時間を気分よく過ごすことこそ大事**なのだと考えるようになり、そのための習慣について広く発信することを始めるようになりました。

これから起きるであろうさまざまなことは、さらに自分の可能性を広げてくれることばかりだと信じてください。

これからのあなたにどんなことがあったとしても、イライラすることもクヨクヨする必要もありません。すべては進化し、よくなるために起きているのですから悠然と構えていてください。

「歳をとる」ではなく「歳を重ねる」

「前向きになる」法

私のセミナーに参加した48歳になる女性が、悩みを打ち明けてくれました。

「結婚して今年で20年になります。一人息子が希望の大学に入学してホッとしたら、いきなり空しさが押し寄せてきたんです」

その女性は、専業主婦として夫を支え、子育てをしてきました。今年は、子どもが大学に入学しただけでなく、結婚20周年を迎えます。普通だったら「おめでとう」の声にニコニコ応えているはずなのに、心が沈んでならないと言うのです。

「なんだか空しい」――。

というのは、30代後半から50代にかけての専業主婦の人たちからよく聞かれる声です。男性でもルーティンワークの仕事についている人を中心に、同じような思いにとらわれることがあるようです。

「いろいろ変化に富んだ仕事をしている人に比べ、自分は毎日同じことを繰り返しているだけで成長がない。世界から取り残されているようだ」と彼らは言います。自分の人生、一生懸命やってきたのに「成長がない」と感じるなんて、たしかにつらいことです。しかし、それは正しくありません。

毎日、仕事や家事で同じことを繰り返している人は、絶対的にその分野で成長を遂げています。

図にしてみるならば、場所は移動していないけれど、**同心円がグングン大きくなっているイメージ**。かつ、その円はスパイラルを描きながら、上にも伸びていきます。でも、自分は変わらず同心円の中心にいるため気づかないだけなのです。

むしろ、いろいろな仕事をしている人は、あちこちに移動しているけれど、しっかりした形が描けないことが多いもの。あっちフラフラこっちフラフラで、最終的に見たときに「なにも残らなかった」となりがちなのです。

❂人生はいつも「いまが最高」

そのセミナーで、私はこんなワークショップを行なってみました。

「あなたのこれまでの人生をグラフ化してみてください」

この出題をすると、ほぼ100パーセントの人たちが「折れ線グラフ」を描き始めます。48歳の女性もやはりそうでした。

「生まれたばかりの頃がここで、高校時代にグンと伸びたけれど、大学では停滞したかな。23歳くらいは結構ついていて、子育てしていた頃は緩やかな右肩上がり。大病した43歳は谷で、いまは少し持ち直してきたのかな。でも……」

浮かぬ顔で折れ線グラフの「ギザギザ」をつくっています。

しかし、私たちの人生を本当にグラフにするならば、「積算グラフ」しかあり得ないのです。

今日の自分が、
いままで最高の自分

たとえば、伸びたときには1年に8目盛り増えたものが、停滞したときには1目盛りしか増えなかったかもしれない。谷においては1目盛りも増えなかったかもしれない。でも、減ることはない。

つまり、**いつだって「そのときが最高」なのが人生**。積算グラフで表せば、そういうことになります。

「時は流れるのではなく、積み重なるものだ」と言われます。

まさにその通り。あなたの時間は確実に積み重なっています。そのときには「つらい出来事」だったことも経験として積み重なり、あなたの血肉となっています。

あなたの人生において、いまのあなたが一番素晴らしいあなた。

そして、明日にはさらに積算されて、より素晴らしいあなたになれる。その積算をし続けるのが人生です。

そして、「もう経験を積まなくていい」となったときに、卒業証書をもらってこの世を去ることになるのです。

さぁ、「半世紀、生きてこられた」御礼を！

「お金に困らなくなる」法

仏教には、人々の家を回って寄付を受け取る「托鉢《たくはつ》」という修行があります。

あるとき、お釈迦様は托鉢に出ようとする弟子にこう言いました。

「とくに貧乏な家からたくさんの寄付をもらってきなさい」

弟子たちはお釈迦様が言い間違いをしたのだと思いました。お金持ちからたくさんもらって、貧乏な人たちからは少しにするのが当然だろうと。

ところが、お釈迦様はたしかにそう言ったのでした。理由を問うと、「貧乏人を貧乏から脱出させてあげるため」なのだそうです。いったい、お釈迦様はなにを考えているのでしょうか。

よく、「お金は天下の回りもの」と言いますね。

お金は世の中に循環してこそ、その力を発揮できます。循環させずに自分のところに貯め込もうとするのは、世の中にとって迷惑な話だし、お金を持てない人の発想なのです。

お金持ちがお金持ちでいられるのは、貯め込んでいるからではなく循環させているから。**たくさんのお金を使い、グルグル回しているからまた自分にも入ってくる。**

一方、貧乏な人はそれをしないから、いつまでたってもお金が入ってこない。

だから、貧乏している家に行って、まずお金を循環させる経験をさせよと、お釈迦様は教えたのです。

もちろん、貧乏な人たちは最初は戸惑います。「私たちが貧乏なのを知っていて、なんで寄付を求めるのか」と。そこで弟子たちは、「人のためにお金を使うということがどれほど心豊かなことなのか」を説いていきます。貧乏な彼らは、これまで一度もそうした豊かさを味わったことがありません。

でも、言われてしてみると、なんだかすっかりいい気持ちになってきます。

「自分でも、ちゃんと世の中の役に立つんだ」

そのマインドこそが、彼らにお金をもたらすようになるのです。なぜなら、こうした人たちの周囲には、いい出会いやいい仕事が集まってくるからです。

❂「50代ならではの贅沢」を愉しむ

これは、現代社会を生きる私たちに、そのまま当てはまります。

「働いても働いても一向に貧乏のまま。社会は不公平です」と訴える人がいたなら、「それは社会が悪いのではなく、お金を惜しみたがるあなたのせいなのですよ」と言うしかありません。

先日、自宅近くのコンビニで、大学生らしい二人の男性がお弁当と飲み物を買っていました。そのうち一人が、おつりの小銭をレジ横にある寄付ボックスに入れました。おそらく50円くらいの金額でしょう。

それを見た友人らしきもう一人の反応に、私はびっくりしてしまいました。

「おまえ、いま、なにやったの？」

「え？　ちょっとだから入れちゃった」

「なに言ってんの？　恵まれないのは俺だよ。だったら俺にくれよ」

その言い方が、全然、冗談になっていないのです。

お釈迦様がいれば、彼の目の前に立って言うことでしょう。

「恵まれないのはあなたですか？　だったらこの箱にたくさんのお金を入れてください」


二人の大学生は、いまは同じくらいの経済状況なのではないかと思います。しかし、やがて大きな開きが出てくることでしょう。

50代になれば、老後のお金が心配になります。楽しい人生を送るためにしっかりした金銭計画を練るのは重要です。もちろん、貯金もしてください。

でも、**お金に卑しくなってはいけません。**わずかな寄付まで惜しむような生き方をすれば、その分だけ貧しい老後になる可能性大です。

仕事で「年輪」を感じさせる

「円熟の仕事をする」法

「目的」と「目標」は、似た言葉ではありますが、意味はまったく違います。

人生に「目的」はありません。ただ、いまをウキウキさせ、充実させる「目標」はいくら持ってもいいのです。

人はいくつになっても新しい目標を持つ生き物です。でも、それがただの目標倒れに終わってしまうことも多々あります。

「今年こそ、英会話をものにするぞ」

「ジョギングを習慣にして引き締まった体をつくろう」

こんな前向きな決心がなかなか長続きしないのは、自分が宇宙のシナリオで生かされていると気づかずにいるから。「自分の人生のために自分がやる」と考えているからです。

人間、自分のためになにかをやるって、案外、大変。逆に、**人のためにするとなると、じつはすごいモチベーションが湧いてくる**ものなのです。

たとえば、アメリカ人の友人が日本に遊びに来るので、あちこち案内して喜んでもらおうと思ったら、モーレツに英語の勉強は進みます。

あるいは、盲目のランナーの伴走者を務めたいと考えたら、毎日なにがあってもジョギングに励み、結果として素晴らしく引き締まった肉体を手に入れることになるはずです。

もし、あなたが最近、何事につけ「続かない」と感じているなら、それは、エゴのシナリオで自分のためだけに生きている証拠だと思ってください。

とくに、仕事に関してモチベーションを失っているのなら、ぜひ自分に問うてみてください。

「私はなんのために働いているのだろうか？」

自分のため以外に目的が見出せないでいるなら、ルーティン作業が面倒くさくなったり、新しいことにも興味が持てなくなるのは当然です。

「働く」とは「傍《はた》をラクにする」ことなのです。

つまり、周りの人たちをラクにするために人は働くのです。

営業マンが新しい商品をすすめるのは、その顧客をラクにするためだし、部下が上司に頼まれたコピーをとるのは、上司をラクにするためです。

このように、どんな仕事にも、誰かをラクにするという目的があるのです。

それを忘れて、「自分が働いているのは、自分が食っていくためだ」としか思えなくなっていたら、モチベーションなど保てるはずがありません。

50代が働くと「ハタの人がラクになる」

「仕事とは、ほかの誰かのためにやるものだったんだ」――。

仕事で、このスタンスに立つと、50代は圧倒的に有利です。

と言うのも、「これから出世しなくちゃ」「これから家を建てなくちゃ」と自分の「これから」で頭がいっぱいになっている20代や30代は、「傍をラクにする」ということになかなか思いが至らないからです。だから、「自分に対していいこと」がないと、その仕事に対して短絡的な不満が募ります。

しかし、50代のあなたは違います。

「売上目標、前年比120パーセントか。達成できたら、チームのみんなが笑顔になれるよな」

「このプロジェクトは難題だらけだけど、完成したら地域の人たちの暮らしは便利になるよね」

まずは「誰かのために」を設定しておくことで、「なんで自分がこんな大変な目に遭わなければならないんだ」というマイナス思考をストップできます。

さらには、**自分の仕事に絶対的な意味**を見出せます。

その結果、出世とか肩書きといったことを気にせず、目標達成のためにモチベーション高く行動することができるでしょう。

50代、男の価値は「プライベート」で決まる

「人生後半を充実させる」法

会社員であるからには出世したい。

これは当然の欲求であって、なんら問題はありません。

ただ、それがすべてになったら不幸。

出世すれば立派な肩書きがついてきますが、その肩書きは退社と同時にペロッと剥がれ落ちて取れてしまうということを忘れてはなりません。


ある大手商社を部長職で定年退職した男性が、その後、1年余りでうつ病になりました。その理由がなんとも悲しいのです。

男性が「部長」であったときは、毎年600通の年賀状が届いていたのに、辞めた翌年の正月には13通しか来なかった。そのショックたるや大変なもので、うつ状態に陥ってしまったわけです。


大企業に勤めていれば、取引先企業もたくさんあります。

これから取引したいと願っている企業もたくさんあります。それらの担当者が、部長宛に年賀状を出してくるのは当たり前。場合によっては、お歳暮の類も贈ってくるはずです。

そういう人たちは「大企業の部長だから」年賀状を書いたわけで、関係ない人になったらそれをしないのは、これまた当たり前なのです。

なのに、なぜショックを受けてしまうのでしょう?

どこかで**会社の肩書きが自分の存在価値そのものにすり替わって**しまい、「みんな私個人に頼ってきている」と思い違いをしてしまったのではないでしょうか。

この男性は、年賀状を出さなくなった大半の人を恨んでいたそうですが、そうではなく、まったく逆のところに着目してほしかった。

つまり、肩書きがなくなっても「おつき合いしたい」と思ってくれている人が13人もいたということに気づくべきだったのです。

定年後の生活は、仕事をしていた頃とは大きく変わります。

ご近所、趣味の活動仲間など、人間関係はグッと絞られてきます。仕事をとおしての知り合いが、10人以上も友だちとして残ってくれたらとてもハッピーな話です。

そう、友だちです。

定年退職したら、過去の肩書きはなんら関係ありません。部下であった若者も、ペコペコしてくれた取引先も、みんな同等の友だちです。それは屈辱でもなんでもなく、**本来の人間同士のつき合いが始まる**ということです。

しかし、この男性は、辞めてまでも持ち上げてくれる「部下」や「取引先」が欲しかったのです。

こういうタイプの人は、趣味のサークルなどに入っても「友だち」がなかなかつくれません。私の知人の70代女性は、「有名企業を辞めた男の人はほんとに困りものだわ」とため息まじりに言っていました。その女性が通っているスポーツクラブで、スタッフや会員に命令口調でいろいろ言ってくるのだそうです。

そして、自分と同じように「偉そうな」男性を見つけると、決まって聞くのだそうです。

「どちらにお勤めだったんですか?」

どちらにお勤めだったにしても、どんな肩書きだったにしても、**すべては過去のこと**。いまのその人には、一つの価値も加えてくれません。いやむしろ、それを得意気に語ることはマイナスなのです。

もっと「私は私」で生きる

私は、50歳になったら、**プライベートな名刺を持つべき**だと思っています。

仕事では会社の名刺を使いますが、趣味のサークルなどでは自宅の住所や個人のメールアドレスが刷られた名刺を渡す。ちょっとした自己紹介などを書き加えてもいいでしょう。これを早くからやっていれば、やがて会社の名刺がなくなっても、すんなりプライベート名刺だけの生活に移行できます。

ところが、立派な肩書きが印刷されている会社の名刺を配るのが大好きな人は、いきなりそれがなくなると「自分自身を喪失したようだ」となってしまうのです。

いま、驚くようなビジネスがヒットしています。形だけの会社をつくっておいてその会社の肩書きだけを売るのです。

その会社に一定の年会費を払えば、営業部長でも、常務取締役でも、CEOでも望むままに肩書きをくれます。もちろん、名刺も刷ってくれます。電話がかかってきたら「ただいま、○○は外出しております」と対応し、あとから本人に連絡をくれます。

普通の会社とただ一点違うところは、社員が会社にお金を払うというところ。これさえ納得すれば、その人は死ぬまで望んだままの肩書きでいられるのです。

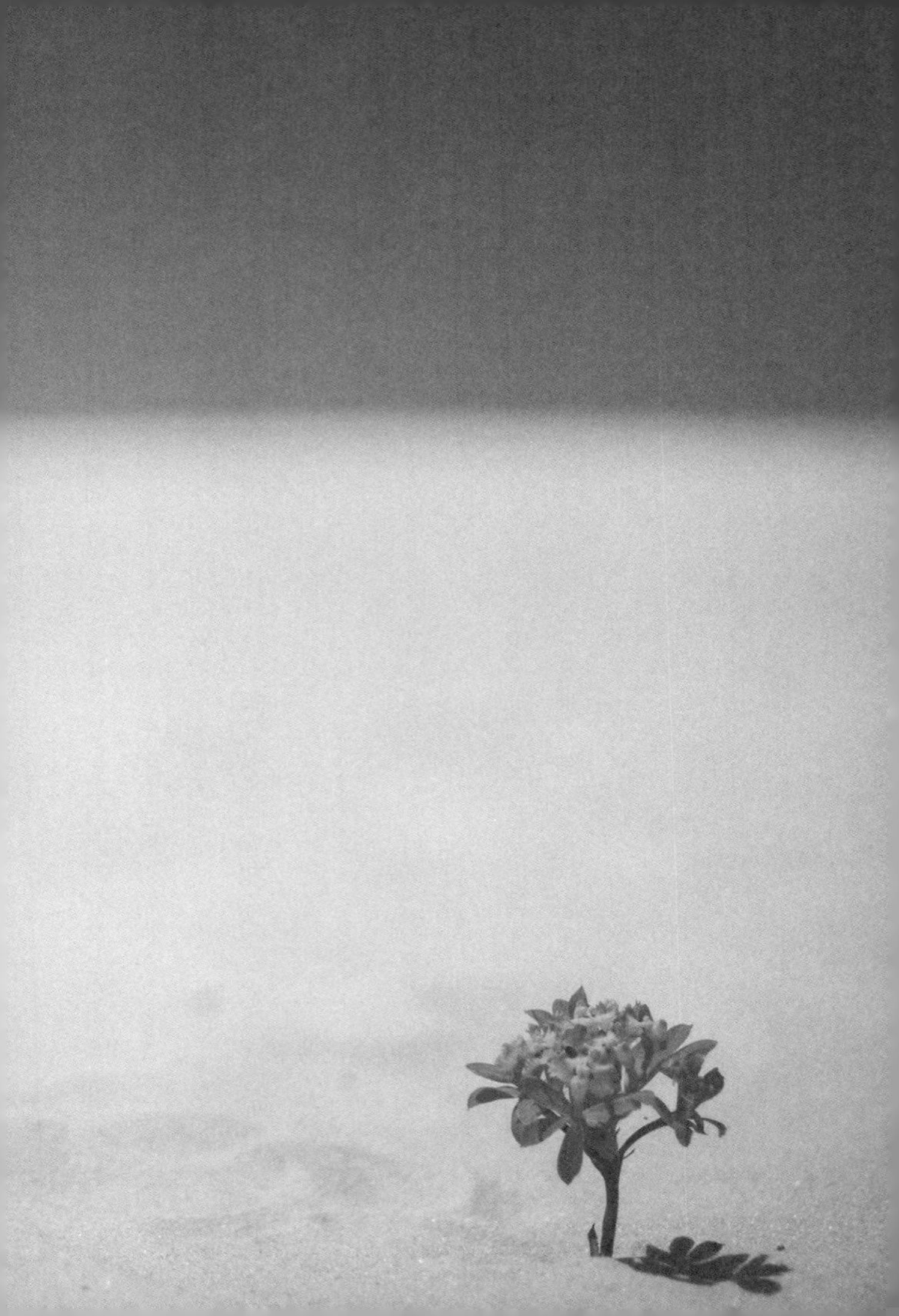

「私は私」――。
自分の花を咲かせよう

ただ、亡くなるときに「私は誰?」と問うて、「私は部長」でいいのでしょうか?

「私は私」と答えられる生き方を、50代から模索しましょう。

私も若かった頃は、自分の意見を押しとおすことが「私は私」だと信じて疑いませんでした。当然、周囲とは軋轢《あつれき》が生じました。

年齢を重ねてから、周囲と調和していくことのほうが大事かもしれないと考えが変化しましたが、今度は逆に自分自身がどこにもいなくなってしまいました。

自分なのか、それとも自分以外のなにかなのか?

私の迷いを一刀両断に打ち砕いてくれたのが次の箴言《しんげん》です。

「和して同ぜず」。

調和するが同調しない。周囲と仲良くやっていくけれど、けっして付和雷同することなく、自分軸を持って楽しくユカイに生きていく。そのさまはちょうど独楽《こま》が自分の軸を持ちながら生き生きと回転していくのに似ています。

50を過ぎたら、自分自身の姿をこの独楽に見立てて、しっかり軸を持って自然と調和しながらアクティブに行動していきましょう。

「やりたくないこと」を一つ、やる

「陰徳を積む」法

人は、自分の損得だけを追求して生きていけるものではありません。

誰かの役に立ちたいと願うし、周囲の人に「いい人だな」と思われたい。できれば、リスペクトされたいと望むものです。

そのために、余裕のあるときは電車で席を譲ったり、お年寄りの荷物を持ってあげたりします。でも、疲れていると「気づかないふり」。そして、気づかないふりをしたときは、「これじゃ、リスペクトなんてされるはずないよな」と内心バツの悪い思いをします。

結局のところ、**人のためにやっていることは、すべて自分のため。**

自分の気持ちが「快」になるためなのです。

「情けは人のためならず」という言葉を、いまだに間違って解釈している人がいます。その意味は、「なまじ情けをかけたらその人のためにならない」ではなく、「人に情けをかけるのは、その人のためではなく自分のためだ」というものです。

私の知人に、30代後半の起業家がいます。彼は若い頃から大変な好青年で、どんなに忙しくても笑顔を絶やしません。

一度、一緒に出かけたときは驚きました。

道に落ちている空き缶を拾ってゴミ箱に捨てたり、地図を広げて迷っている様子の人に近づいて「どこへ行きたいのですか?」と声をかけたり……。思わず、「そんなことまで、忙しい君がやらなくてもいいんじゃないの!?」と言いたくなりました。

しかし、彼は「自分がやりたくてやっているんです」と笑うのみ。

なんでも、「なんでスルーしちゃったんだろう」とあとから自分に小さな後悔をするようなことを、極力なくしていきたいのだそうです。

「多少、手間がかかっても、自分の気持ちがスカッとしていれば仕事もどんどん片づけられるし、効率もいいんですよ」

なるほど、少しの手間を惜しんで、あとから「俺、かっこ悪かったな」という思いに苛《さいな》まれるよりは、ずっといいかもしれませんね。

ゴミを見つけたら率先して拾う——陰徳を積む

彼の方法は、私たちでも取り入れることができそうです。

「本当はこうしたほうがいいんだよな」と思えることは、考える前に動いてしまいましょう。

50代に突入したあなたが、人生後半をかっこよく、かつ気分よく過ごすために必要なのは、「ゴミが落ちているじゃないか。誰か拾えよ」と部下や若者たちを怒鳴りつけることではありません。あるいは「なんで誰も拾おうとしないんだろう。嫌な世の中だ」と嘆くことでもありません。

率先して自分が拾うことです。

とくに「人が見ていなくても」やることが重要で、それを「陰徳」と言います。

経験してみればわかりますが、人知れずちょっといいことをしてみると、かなりいい気分になります。

とくに、トイレや洗面台などの水回りをきれいにする作業は効果絶大です。「できればやりたくない」と思っていることに手をつけることで、心のリミッターを外すことができるのです。

大企業の経営者や成功者には、「朝一番にトイレ掃除をする」という人が少なくありません。誰も見ていないところで一人黙々とトイレ掃除をしていると、自分に対して、心のモヤモヤとした霧がスカッと晴れたような、なんとも言えないすがすがしい感覚が全身を包むのだそうです。

人にリスペクトされたかったら、まずは自分が自身をリスペクトできる行動をとる。

50代から積んでいく陰徳には、非常に大きな価値がありそうです。

欲がある人ほど、悟りも早い

「心が乱れなくなる」法

「ぎゃーてい、ぎゃーてい、はーらーぎゃーてい」――。

これは仏教の経典の一つ、「般若心経」の一文です。

きっと、なんとなく心に響く音なのでしょう。仏教に詳しくない人でも、この一文は知っている人が少なくありません。

四国のお遍路に出れば、お寺で熱心に「般若心経」を唱えている人たちに出会います。その中には外国人もいます。

日本人なのですから、50代になったら、「般若心経」は声に出して読めるようになっておきたいものです。

般若心経は「観自在菩薩《かんじざいぼさつ》」で始まります。観自在とは「今までに身についた知識や経験、価値などにとらわれることなく、**ありのままを受け止める**」という意味。ディズニー映画『アナと雪の女王』で多くの人の心を捉えた主題歌のタイトルでもある「Let it go」や、ザ・ビートルズの「Let it be」のさらに先にある神髄です。「般若心経」でもっとも重要なのが、最後の一行です。

「羯諦羯諦《ぎやていぎやてい》。波羅羯諦《はらぎやてい》。波羅僧羯諦《はらそうぎやてい》。菩提薩婆訶《ぼじそわか》。般若心経《はんにやしんぎよう》」

この直訳文はあちこちに書かれていて「行こう、行こう、向こう岸に行こう。此岸から彼岸へ。悟りを開いて向こう岸へ行こう」みたいな訳になっています。

しかし、「そう言われてもなぁ」というのが正直なところではないでしょうか。

私が仏教学者だった祖父の多田等観に教わったのは、

「自由だ、自由だ、自由になった。大宇宙よ、ありがとう」

という意訳です。

「あなたは自由でなんのブロックもない。宇宙と一体で最高に自由な存在である。あなたはなにも悩むことはない。日々、宇宙に向かって発信しなさい。大宇宙よ、ありがとうございます」と、「般若心経」は伝えているのだと、祖父は教えてくれました。

ただ単に自分があちら側に行くかどうかではなく、すべてのことに感謝するという深い意味があるのだと知れば、声に出して読むことをしたくなりませんか?

なにか不愉快なことがあったときに、ふと般若心経の一節を口にできるようになれば、必要以上に心乱れることはありません。

「欲だらけの自分」も清く、美しい——

自分で唱えるのが難しいお経はテープを聞くのもいいでしょう。

私がとくにおすすめしたいのが「理趣経《りしゅきょう》」です。CDにもなっているし、インターネットで検索すれば音読したものを聞くこともできます。

空海が最澄にさまざまなお経を伝えたときに、この「理趣経」だけは例外とし、そのために二人が仲違いしたと言われる、いわくつきのお経です。

理趣経には「十七清浄句」という有名な段があり、そこにはびっくりするようなことが書かれています。以下に紹介しましょう。


すべては清く、美しいものである。欲・触・愛・慢の小楽を大楽に変えることこそ、仏の道である。

大日如来は十七の清浄なる菩薩の境地をあげて、次のように説かれた。

一　男女交合の妙なる恍惚は、清浄なる菩薩の境地である。
二　欲望が矢の飛ぶように速く激しく働くのも、清浄なる菩薩の境地である。
三　男女の触れ合いも、清浄なる菩薩の境地である。
四　異性を愛し、かたく抱き合うのも、清浄なる菩薩の境地である。

五　男女が抱き合って満足し、すべてに自由、すべての主、天にも登るような心持ちになるのも、清浄なる菩薩の境地である。

六　欲心を持って異性を見ることも、清浄なる菩薩の境地である。

七　男女交合して、悦なる快感を味わうことも、清浄なる菩薩の境地である。

八　男女の愛も、清浄なる菩薩の境地である。

九　自慢する心も、清浄なる菩薩の境地である。

一〇　ものを飾って喜ぶのも、清浄なる菩薩の境地である。

一一　思うにまかせて、心が喜ぶことも、清浄なる菩薩の境地である。

一二　満ち足りて、心が輝くことも、清浄なる菩薩の境地である。

一三　身体の楽も、清浄なる菩薩の境地である。

一四　目の当たりにする色も、清浄なる菩薩の境地である。

一五　耳にする物音も、清浄なる菩薩の境地である。

一六　この世の香りも、清浄なる菩薩の境地である。

一七　口にする味も、清浄なる菩薩の境地である。

欲望の目で異性を見たり、男女が抱き合って快楽を得たりすることは**すべて清浄なる菩薩の境地**だと言っています。本当に驚きですよね！

この経典のメッセージには「性」に対する考え方を一八〇度変えてしまうパワーがあります。

空海が最澄にこのお経を渡そうとしなかったのは、言葉と頭だけで理解しようとしている最澄に対し、「そうじゃないんだ、もっと深いんだ。言葉だけが一人歩きしては困るんだ」と思ったからです。

その真意がわからなかった最澄は、一番弟子の泰範をスパイとして送り込みますが、この泰範は寝返って空海のほうについてしまいます。

じつは、この「ラブバンザイ」のお経、奈良の東大寺で毎朝唱えられています。東大寺のお坊さんが全員揃って毎朝唱えるほど、重要なお経なのです。

年をとってからの恋愛、セックス大いに結構。なぜかと言えばそれは清らかなことだから。欲望だらけの自分を恥じる必要はない。

自由だ、
自由だ、
自由になった

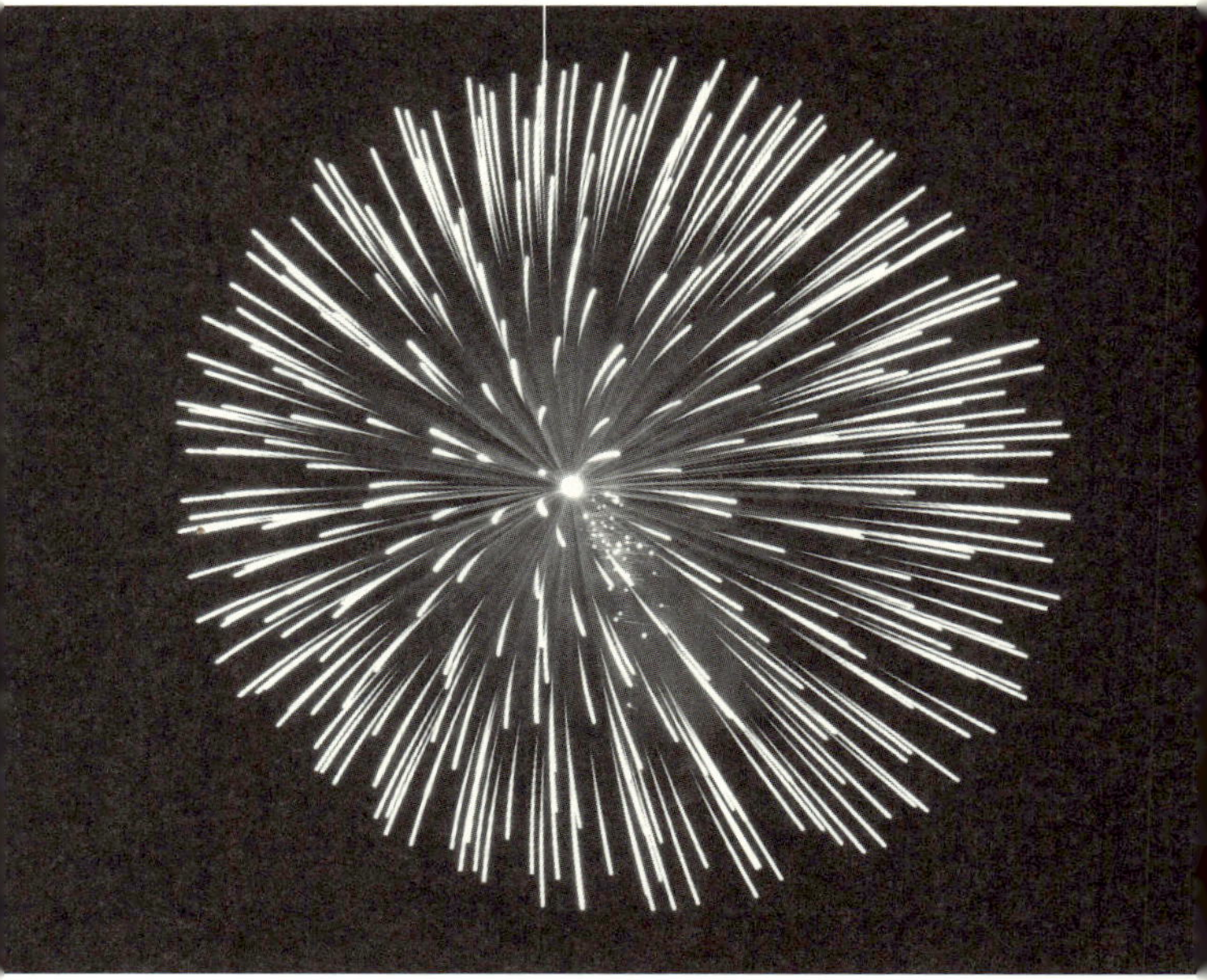

「煩悩《ぼんのう》即《そく》菩薩《ぼだい》」といって、煩悩があるから悟りが開ける。**欲がある人は、それだけ悟りも近い**のだと「理趣経」は教えているのです。

だからといって「理趣経」は、暴走をすすめているのではありません。

ここで、前文を読み返してみましょう。

すべては清く、美しいものである。欲・触・愛・慢の小楽を大楽に変えることこそ、仏の道である。小さな欲を大きな欲にしていくことが大事だとあります。

これはたとえば、「自分の孫が健康でいればいい」という小欲から、「世界中の子どもたちが元気で育つように」という大欲に目覚めるということです。

理趣経は、どこまでも限りなく広く深い教えなのです。

人間はしょせん、ただの「皮袋」

「自分の欠点が気にならない」法

「もっと美人に生まれたかったといつも悩んでいます。どうしたらいいでしょう?」

私はかつて、セミナーの受講生からこんな質問を受けたことがあります。

その女性は、幼い頃から容姿にコンプレックスを持っていて、いつもほかの女性を見ては「私だけ醜い」「不公平だ」と思っていたそうです。

本当はもっと自分を好きになりたいのに、それができないことに苦しんでいたのです。

私は、禅宗の教えを引用しながら答えました。

「あなた自身も、あなたが美人だと羨ましく思っている人も、ここにいるすべての人たちも、みんな同じように、ただの皮袋なんですよ」

皮袋——あまりにも過激な言葉に、その女性だけでなくセミナーの受講生全員が唖然としていました。しかし、実際、禅宗では、人はうんちを覆っている皮、すなわち**皮袋にすぎない**と考えます。

たしかに、私たちの体は口と肛門をつなぐ消化器を包んでいるようなもの。それに、ほとんど水分でできていて、ローラーで絞ってみたら、ペラペラの皮しか残りません。

美容整形外科の医師に聞くと、手術で一皮剥くと、みな同じように肉の塊が出てきて美人も不美人もないそうです。彼らはたしかに患者を美形にしていますが、一方で「みんな同じだ」と実感しているわけです。

「あの人みたいな美人に生まれたかった」

「ハンサムは得だよね」

「せめて身長が……センチあればなあ」

こうした自分の外見に関する不満は、20代にピークを迎え、ある程度、年をとってくると収まってきます。

あきらめとともに、結婚したりすることで「それなりにいいと言ってくれる人もいるじゃないか」と認めることができるようになるからです。

しかし、人生の先が見え始めると、別の形で噴出することがあります。

「もっと○○だったら、人生は違っていたろうに」と考えるのです。

「もっとお金持ちに生まれていたら、人生は違っていたろうに」

「もっと違う人間と結婚していたら、人生は違っていたろうに」

こちらは、若いときの不満よりもやっかいです。

自分の人生がいいものではないと否定しているうえに、その理由をどうしようもないところに押しつけようとしているからです。

しかし、たとえ「もっと○○であった」としても、なにも変わりません。どちらであろうと、その人はただの皮袋なのです。

「自分も他人もただの皮袋だ」という気づきは、あなたを、いまよりもずっと自由にしてくれます。**他人をうらやんだり、自分を卑下することなんてなんの意味もないのですから。**

3章

健全なる50代は、健全なる体と心から！

体の悪口言うな。体が聞いているよ！

「健康で長生きできる」法

都内のデザイン会社に勤めるTさんは、とてもおしゃれな50代。お腹は出ていないし、いつも個性的な服装に身を包んでいます。

ただ、外見的にはとても若く見えるTさんですが、「もう自分は若くない」という思いに苦しんでいます。Tさんは健康オタクで、自分の体が少しずつ音を上げ始めていることに、内心とてもショックを受けているのです。

しかし、50歳になれば、体のあちこちにガタがきて当然。

「老眼で本が読めなくなった」

「部分入れ歯になっちゃった。みっともない」

「健康診断のたびに再検査に引っかかる」

最初からなかった機能ならまだしも、以前はあったのに失ってしまった機能について私たちはウジウジ考えます。

若い頃にはよかった目、強かった歯、異常なしだった体を「再び取り戻せたらどんなにいいだろう」と考えるのです。

でも、逆なのです。

「これまでもってくれてなんとありがたいことか」と感謝するのが正解なのです。

あなたの家や仕事場には、たくさんの機器があるはずです。

自動車、電話、コピー機、冷蔵庫……これらのものは、毎日せっせと働いてくれています。でも、調子が悪くなったら修理に出したり、買い替えたりすることができます。

それに対して、私たちの臓器は取り替えがききません。

あなたの心臓は、生まれたときから1秒たりとも休むことなく動き続けてくれています。あなたが眠っているときですら働いているのです。なんとありがたい話でしょう。

毎日残業で寝不足の日が続いたり、居酒屋をはしごして暴飲暴食したりしているあなたを「なんとか生かそう」と一つひとつの臓器がさまざまな調整を行なってくれています。

50年もすれば、多少そのパフォーマンスが落ちてくるのは当たり前。

私たちは、生まれた瞬間からゆるやかに「死に向かってのカウントダウン」を始めています。オギャーと**生まれた瞬間からパフォーマンスは落ちている**とも言えるのです。

❁「長生きしたけりゃ、自分の体を褒めなさい」

がんばってくれている体に対して、あなたは失礼なことを言ってはいませんか?

「どうせ、俺の肝臓はポンコツだ」

「耳もすっかりおばあちゃんで、嫌になっちゃう」

自分の体について蔑《さげす》むようなことを口にしていると、その臓器はどんどん悪くなっていきます。人間の脳は口にしたことを本当だと思い込んで、それを実現する方向へさまざまな指令を出すからです。

自分の健康状態に不満を抱くのは、長生きがしたいからでしょう。

しかし、日々ブツブツと不満を抱きながら100歳まで生きて、それは楽しいことなのでしょうか。

もっと自分の体を褒め、感謝しましょう。

いくつか悪いところがあったって、あなたは立派に生きています。

それに、誰も完全な体など持っていません。ヒトの致死率は100パーセント！

どんなに丈夫な人だって必ず死ぬのです。

ここに思いいたれば、必要以上に健康オタクにならずに済みます。

長生きのコツは「長息」にあり

「理想の呼吸ができる」法

メーカー勤務のDさんは、50歳になったばかりの頃、取引先で具合が悪くなりました。

普通に椅子に座って打ち合わせをしていたら、突然、呼吸ができないような感覚に襲われたのです。相手の言っていることもよく耳に入らず、いまにも倒れ込みそうな感じがします。それでも、なんとか切り抜けて取引先をあとにしました。

途中、公園で休んでいるうちにすっかり元に戻り安心したのですが、それ以来、ときどきこの発作に襲われるようになりました。

かかりつけ医を訪ねると「パニック障害」だろうという診断で、心療内科を紹介されました。薬をもらい、少し落ち着いてはいるものの、「また、あの発作がきたらどうしよう」という不安から、行動範囲がすっかり狭くなってしまいました。

また、50代の女性Rさんは、最近、お腹が張って苦しく感じることがたびたびありました。便通は普通にあるのにパンパンにお腹が膨らむので、Rさんは不安になりました。かつて、チラッと見た本に書いてあった卵巣がんの症状と似ていたからです。

駆けつけた婦人科での検査は異常なし。

でも、レントゲン写真を見た医師は、「ひどく、ガスが溜まっていますよ」と言いました。無意識に空気を飲んでいるのが原因で、お腹が張っているのではないかというのです。

どうやら、夫との関係が冷え込んでイライラし、しょっちゅうハアハアと小さな呼吸を繰り返していたのがいけなかったようです。

20年ほど前は、めったに見ることがなかった心療内科の看板。それがいまでは、あちこちで散見されるようになりました。これはおそらく、現代人の生き方と無縁ではないでしょう。

私たちは普段からたくさんの情報にさらされ、せかせかと活動しています。どうしたって交感神経ばかりが刺激され、精神のバランスは崩れがちになります。男女ともに更年期障害と戦わねばならない50代は、なおさらゆったりと構えていたいものです。

しかし、頭で「ゆったりしよう」と考えてできるものではありません。まず、**体にゆったり感覚を覚え込ませる**ことが先決。

それには呼吸がとても有効です。

「長息」は「長生き」と心得て、できる限りゆっくりとした呼吸をしてみましょう。

「1分間に18回の呼吸」が理想

あなたは、1分間に何回のペースで呼吸しているでしょうか。

波の音を感じながら、
ゆったりしよう

「ゆっくりを心がけている」という人でもだいたい20回以上のはずです。これを、もっと減らしていきます。幼児はたくさん呼吸をする必要があるので例外として、成人して体ができあがった大人の場合、**18回の呼吸が理想**です。

なぜ18回なのか。

それが宇宙の理にかなっているからです。

海の波の「ザザーッ」という満ち引きは、1分間に18回。

これは沖縄も湘南もハワイもカリブもみんな同じです。荒れているときも凪《な》いでいるときも同じです。どの国の、どこの海岸でも、どんな状況のときでも、1分間に18回、波が打ち寄せるのです。

この波と自分の呼吸の波を合わせていくことで、**宇宙のリズムと共鳴することができる**と私は考えているのです。

やってみるとわかりますが、1分間に20回以上の呼吸をしていた人が、18回に減らすのはなかなか大変です。

コツは「まず吐くこと」。

「深呼吸してください」と言うと、たいていの人が大きく息を吸うことから始めます。ただ、これだと、すでにある程度肺には空気が入っているので、たいして吸うことはできません。

まず、肺を徹底的に空っぽにする。

そうしてから、ゆっくりと深く吸い、同じようなリズムでゆっくりと吐く。

これを繰り返しているうちに、自然と宇宙のリズムに合った呼吸ができるようになります。

日の出・日の入りを大事にする

「毎晩熟睡できる」法

「よく眠れない」と訴える50代が、増えています。

私の周りにもけっこういて、なかには睡眠薬に頼っている人もいます。

若い頃はバタンキューで朝までぐっすり眠れたのが、年齢を重ねると眠りの質が落ちてくるようです。

ただ、「よく眠れない」と言っても、その症状はじつにさまざま。

なかなか寝つけない入眠困難、途中で目が覚める中途覚醒、朝早くに目が覚めてしまう早朝覚醒などなど、「よく眠れない」にもいろいろなパターンがあります。

とはいえ、共通点はあります。

「眠れない」と悩む人たちは、「眠ろう、眠ろう」と考えるのです。

でも本当は、**「起きよう、起きよう」にシフトしたほうがいい**のです。

まず、朝起きる時間を決め、そこからきっちり動いてしまうのが不眠症克服のコツです。

前の晩に何時に寝ようが、途中で何度目が覚めようが、**「日の出とともに、起きる」**。

これが私の睡眠習慣です。日の出の時間に合わせるから、冬は夏よりも少し寝坊することになります。

明け方になってようやく眠り、昼頃になってもそもそ起き出してくる人よりも、早寝早起き習慣の人のほうが元気で若々しいのは当然です。

というのも、夜10時頃から深夜2時くらいにかけて、私たちの体は成長ホルモンを放出します。そのときに眠りについていると、体の細胞が修復されることが科学的に証明されています。

「お天道様」はみんなに平等。ともに生きよう

だから、毎晩10時には、寝床に入っているのが理想です。

「それだったら、流行の朝4時起き生活も可能ですね」とよく言われるのですが、私は4時には起きません。

日の出とともに、起きるのです。

なぜなら、宇宙の一部である私たちは、**宇宙のリズムに従って生きるのが一番理想**だと考えるからです。

私たちの遠いご先祖は、日の出とともに起き出して、田畑を耕し、日が沈めば家に帰りました。それが生きるために最もいい方法だったからそうしてきたのです。

現代を生きる私たちだって、変わりはないはずです。

「宇宙のリズムに従って生きる」快感

私は必要以上の早起きには賛成しません。

まず、肉体的に無理がきます。

人間の体は朝5時くらいに、リラックスモードの副交感神経優位から、活動モードの交感神経優位にチェンジします。

5時くらいまでは、メンテナンスのために休んでいるようにできているのです。それを3時半などに起き出したら、交感神経優位の時間帯が長くなり、ヘトヘトになってしまいます。

もう一つ、精神的にも無理がきます。

朝起きたときに外が暗いと気分は落ち込みます。いくら本人が「さあ、やるぞ」と思っていても、どこか孤独で陰気な雰囲気を感じ取っているのです。

夜型生活の人にはうつ病が多い。これはよく知られた話ですが、じつは、超朝型生活を続けている人にも、うつ病の人が出てきている、という研究結果があるのです。原因は、たぶん暗い時間帯の活動率が高いせいでしょう。

日の出とともに起きれば、太陽が「さあ、一緒に起き出してがんばろうね！」と励ましてくれているようで、すっきり明るい気分で起きることができます。

そして、このように起きると、その日一日は活気に満ちたものになり、あなたはバリバリ働くことができます。

フルに活動していれば、夜の10時には「なんだか眠くなってきちゃった。寝床に入ろう」となります。これを繰り返しているうちに、**宇宙のリズムに沿った黄金の睡眠パターン**がいつの間にか身につきます。

もちろん、それでも眠れない日もあるでしょう。私だって、夜中にもんもんとすることはあります。

でも、それでいいのです。

不眠を訴える人は、眠れないことを重大に捉え、「少しでも眠れるときに眠っておこう」とします。しかし、それが徐々に体内時計を狂わせていきます。

守ることは一つ。

「日の出とともに、起きる」を、50代の新しい習慣にしてみてください。

体温を上げるだけで、人は強くなる

「体の不調が治る」法

「未病」という言葉があります。

病気ではないのですが、病気になりつつある状態のことを指します。現代人は数々の未病を抱えていると言われています。

「なんとなく頭が痛い」

「なんとなく胃の調子が悪い」

「なんとなく疲れが取れない」

いつも「なんとなく調子が悪い」のです。こんな未病を撃退するために、50歳からの習慣として、ぜひ身につけてほしいのが**「毎朝の体温測定」**です。

こう言うと「子どもじゃあるまいし、風邪ひいたらわかるから」と笑う人もいますが、体温を測ることで、**生命エネルギーのバロメーターである体内酵素の働きがわかる**のです。

私たちの体は、各臓器が正しく働いてくれているから、健康を保つことができます。各臓器を正しく働かせるためには、酵素（エンザイム）や補酵素（コエンザイム）が必須。私たちの体内にはおよそ5000種類の酵素があり、それぞれ違った役割を持っていると言われています。

「5000もあるからどれかが働いてくれれば大丈夫」なのではなく、「5000がすべてそれぞれ別の役割を果たしていて、いくつかの役割が欠ければどこかが不調になる」ということです。

まさに**未病は、いくつかの酵素が働いていない状態**とも言えるでしょう。

幼稚園児の頃は、酵素がパーフェクトに働いているので、めちゃくちゃ元気です。

朝、目が覚めるとすぐに走り回り、夜になればバタッと寝て、物音がしたって起きません。そして、翌日の朝には、すっかり生まれ変わったように元気になっているという繰り返しです。

さすがに幼稚園児には戻れませんが、酵素をできる限り働かせてあげるような状況を整えることはできます。

すべての**酵素が最も活発に働くのが、体温36・7度**のとき。大切な酵素が働けない状態になっていないかを知るために、体温測定は欠かせないというわけです。

理想の体温「36・7度」を維持する法

いま、大人たちに限らず子どもにも低体温症が増えています。

体温が35度台では、酵素は半分くらいしか働かないとされています。

体温35度の体を会社にたとえてみたら、半数の社員がさぼっていることになります。それで会社経営がうまく回るはずがありません。

では、なぜさぼっているのか。職場が寒すぎて動けないだけです。

あなたの体もこれと同じで、すべての酵素に働いてもらいたかったら、体を温かくすることが求められます。

理想の36・7度をキープするためには、いくつかの方法が考えられます。

まず、入浴はシャワーで済ませないで、**湯船にゆったりと浸かる**こと。

このとき、早く温めたいからと湯温を上げるのは逆効果です。

熱いお湯には長く浸かっていられないので、体の表面しか温まっていないうちに上がることになります。それに、血圧にもよくありません。ぬるめの湯にゆっくりと浸かって体の芯から温めましょう。

次に、運動です。筋力トレーニングなどをすることで筋肉がつくと、血行がよくなり体温は高くなります。さらに、筋肉がつき体温が上がれば基礎代謝も増えるから太りにくくもなります。

体温を上げる暮らしは、健康にも美容にもいいことだらけというわけです。

50歳を過ぎたら、ただ健康診断の結果に一喜一憂するのではなく、もっと主体的に自分の肉体と関わっていきましょう。

「食」だけでなく、「食」と「器」を愉しむ

「食生活が豊かになる」法

悪い考えが、理由もなく浮かんでくるときがあります。

たとえば、夜中に目が覚めてなかなか寝つけないときなどに、よく起こる現象です。たとえば、こういった具合です。

「また目が覚めちゃった」

「なんか、胸のあたりがムカムカするぞ」

「うちはガン家系だしな、きっと俺もそうなるな」

「ガンになったら治療も大変なんだろうな」

「保険じゃ絶対、足りないよ。どうしよう」

「老後のお金だって、ひどく怪しいもんだからなあ」

「ああもうダメだ、最悪だ」

客観的に見ると「どうして、そこにつながってしまうの？」と不思議に思えるようなロジックが展開されます。そして、さらに目が冴えて眠れなくなるのです。


このように、次から次へと浮かんでくる悪い考えを「悪想念」と言います。

私たち人間は「念」を継いでいく生き物なので、いったん悪い考えが生まれると、どんどんそれを膨らませてしまうのです。

悪想念は、暗さ、痛みなどのマイナス要素によって引き起こされることが多いのですが、「残留エネルギー」もその大きな原因となります。

エネルギーが尽きていれば余計なことなど考えることはできないけれど、エネルギーが余っているから勝手に悪い妄想をつくりあげていくわけです。

いまは、パソコン相手の仕事が多く、あまり肉体を使いません。

一方でグルメブームは衰えを知りません。私たちは普段から食物エネルギー過剰になりがちなのです。

50代からの食事は、「口」だけでなく「目」でも愉しむ

お釈迦様は食事について、「一日一食でよい」と言いました。

一日一食でその日一日中のエネルギーは足り、寝る頃にはちょうどエネルギーが尽きるから悪想念など浮かばず、朝までしっかりぐっすり眠れると教えたのです。

お釈迦様のマネはできなくとも、残留エネルギーを減らす工夫はできるでしょう。

その手っ取り早い方法は、**よく噛んでゆっくり食べる**ことです。

早食いすれば、満腹中枢が「もういいです」と指令を出す前に、これでもかと大量に食べてしまいます。ゆっくり食べていれば、途中で満腹中枢が働いて指令を出すため、普段より少ない量で満足できます。

また、早食いは血糖値を急上昇させます。急激に上がった血糖値は急激に下がり、また空腹感を感じて、ドカ食いを繰り返すという悪循環に陥ります。

大盛りの丼飯を豪快にかき込んだり、こてこてラーメンの替え玉まで注文したりというのは、20代の特権です。

50歳になったら、**もっと時間をかけて優雅な食事**をとりましょう。

コンビニのお弁当しか買いに出られないというときでも、できればきちんとした食器に移し替えて食べましょう。

プラスチックの弁当ケースのまま食べれば、どうしたって「しょせん、こんなご飯さ」といい加減に考えます。いい加減になれば、よく噛むことだってしないし、食事をとっとと手早く終わらせようとします。

それを一手間かけてきちんと食器に移し替えることで、食事に対するスタンスが変わります。

何事につけ50代は、大切に考えたいもの。がさつな食事をやめるだけで、悪さをする残留エネルギーを減らすことができるのです。

若返る。そして強くなる

「実年齢より20歳若く見える」法

先日、電車の中で二人のビジネスマンが、おしゃべりしていました。

「もうさ、若くないよな。俺たち」

「うん、徹夜とか全然できなくなったもんな」

口ぶりからして同年代のようです。もしかして二人とも40代なのかもしれません。

ところが、実際には一人は20代、もう一人は50代に見えるのです。

「なぜだ？」

私はこっそり観察させてもらいました。

全体的な体型は似たり寄ったりですが、どうやら、毛髪のツヤとか肌のキメとかに違いがあるようです。きっと、スーツを脱いで素っ裸になってもらえば、もっと明確に差が見られることでしょう。

私たちには、それぞれ「年齢」があります。53歳の人は51歳の人よりも「2歳上」というのが、全世界的な共通認識です。しかし、それはあくまで戸籍上の話。実際の年齢と肉体とは必ずしも比例していません。

大事なのは戸籍年齢ではなく、肉体年齢です。

往々にして「もう50歳だ」と自分の年齢にマイナス感情を持っている人ほど、肉体年齢は老けています。「もう50歳」どころか、肉体は「すでに70歳」という人だっています。

自分の気持ちが「老い」をつくりだしているのです。

では実際に、自分の肉体年齢を知るにはどうしたらいいのでしょうか？

簡単です。計測できる器具を用意すればいいのです。

いま、家電ショップに行けば、さまざまな体重計が売られています。

その中に、体内水分量や筋肉量などを測定し、肉体年齢をはじき出してくれるものがあるはずです。多少値は張りますが、50代になったなら、自分の健康のために奮発してください。

さっそく計測してみて、「あなたの肉体年齢は65歳です」と出たとしましょう。

「えっ！　まだ55歳にもなっていないのに……」とショックを受けるでしょう。

ただ、ここががんばりどころ。**肉体年齢は、あなた次第で若返らせることができます。**

私は朝晩、計測していて、生活ぶりがもろに肉体年齢に反映されるのを実感しています。ぐっすり眠った朝よりも、一日働いて疲れが溜まっている夜のほうが肉体年齢は高くなります。

深酒をした翌朝はプラス3歳、スポーツクラブでいい汗かいた日の夜はマイナス4歳と、面白いように動くのです。

こうした変化を目の当たりにしたら、あなたの意識もみるみる変わっていくことでしょう。

これを応用したものが、レコーディング・ダイエットといって、ただ毎日体重計に乗って体重を記録するだけの有名なダイエット法です。

なぜ、体重を量るだけでやせていくのかというと、それは脳が体の重さを意識するようになるからです。

普段見たくない考えたくないために、意識しないようにしている己の肉体と正面から向き合いましょう。

ちなみに、自分の肉体に意識をフォーカスさせる最も有効な方法は、鏡を見ることです。1日1回、素っ裸になる場所がありますよネ！　そうなんです。おフロ場の中に、全身を写しだす大きな鏡を設置することが、肉体年齢を若返らせるとっておきの秘策になるとつけ加えておきましょう。

4章

男も女も50歳から、さらに磨かれる！

夫婦の仲は「ありがとうの数」で決まる

「伴侶とうまくいく」法

「熟年離婚」が増えています。

また、離婚とまではいかなくとも、夫婦仲がうまくいかないと訴える50代は多くいます。むしろ仲のいい夫婦を探すほうが難しい、と言ってもいいかもしれません。

夫婦の現状について50代の人に話を聞くと、「よくそれで一緒に暮らしていられるね」とあきれるような答えが次々と返ってきます。たとえば、夫婦の会話はペットの話くらいしかしないとか、相手の誕生日も忘れてしまったとか、髪を切っても気づかないとか、パンツを洗濯するのが嫌だとか……といった具合です。

それでも一緒に暮らしていられるのは、おそらく仕事があるからです。

夫婦の一方あるいは両方が勤めに出ていれば、必然的に平日の日中は顔を合わせません。お互いに不満があっても、休日の数時間くらいなら我慢もできるでしょう。しかし、定年になったらそうはいきません。1年365日、24時間ほとんど一緒なのです。その相棒との関係を、いまから修復しないでいてどうするのですか?

Nさんは、貿易関係の会社を昨年、定年退職しました。働き盛りの頃にバブル経済を迎えたNさんは、まさに仕事の虫。専業主婦の奥さんに三人の子どもの教育はすべてまかせ、休日返上で働きました。

子どもたちの学校の行事はもちろんのこと、夏休みの家族旅行なども「やっぱり仕事が入ったから、みんなで行ってきて」と、自分だけ直前キャンセルするのがいつものことでした。

そんなNさんでしたが、「定年退職したら女房孝行をしよう」とずっと考えていました。貿易会社に勤めていた関係で海外出張も多く経験し、「どこでも案内してやれる」という自信もありました。

だからNさんは、定年を迎えてすぐに奥さんに提案しました。

「これからは1年に2回は海外旅行をしよう。なに、心配しなくていいよ。そのくらいの蓄えはあるから」

さぞかし喜んでくれるだろうと思っていた奥さんからの返事は、「やめておきましょうよ」でした。

「これまで旅行は子どもたちとしてきたし、そのほうが私も気がラクですよ」

それどころか奥さんは、「毎日の食事はきちんとつくるけれど、それ以外はお互いに自由にしましょう」と提案してきました。つまり、旅行もそのほかの娯楽も、Nさんと一緒にするつもりはないということです。

「当たり前のこと」に感謝できるか、どうか

二人とも趣味が似ていて、結婚前は一緒にあちこち楽しく出かけたものです。その記憶があるだけに、Nさんは「どうしてこんなことになってしまったんだ」と驚いたのです。

しかし、奥さんは突然変わったわけではありません。少しずつ少しずつ硬化していったことにNさんが気づかなかっただけです。

では、なにが奥さんを硬化させたのでしょう。それは、Nさんが**「ありがとう」を言ってくれないこと**でした。

毎日、部屋がきれいに掃除されている。家に帰ってくればお風呂が沸いている。出されたご飯は、食べ終わると片づけられている。シーツが洗濯されている。こうしたことに対して「ありがとう」を言ってもらえない日々を約40年も送ってきて、奥さんはもうすっかりあきらめてしまったのです。

さて、この状況から、できることはあるでしょうか。

私が個人コンサルをした60代の男性は、会社を経営して社会的地位も資産もあり、他人から見ればうらやましい程のいわゆる「勝ち組」の方でした。

その彼の私生活は、夫婦の関係が冷え切っていて、幸せを感じられない毎日だったのです。

じつは、人が幸せな人生を送れるかどうかは、**半径5メートル以内の人間関係**にあると言われています。つまり、妻や夫、パートナーや子ども、両親といった極めて身近な人間関係が充実し調和していないと、どんなに仕事や趣味で成果を上げようとも、結局いつまでも不足感や欠乏感に苛《さいな》まれるというわけです。

最も近い人生のパートナーである彼の妻に対して、いったい彼はどう接していけばいいのか？

私は次のようなアドバイスをしました。

「奥さんの発言と行為のすべてに対し、**『ありがとう』という枕言葉**をつけてください。気持ちが込もっていなくてもいいですから」

彼は、ちょっと驚いて聞き返してきました。

「え？　伝ちゃん先生、気持ちを込めての間違いですよね？」

「いいえ、そうではありません。形だけでいいのです。関係が冷えてしまっている場合、真心から感謝しろと言っても無理でしょう。その感謝がなかったからこそ、こういう悲しい状態になってしまったのですから」

「ごもっともです」とばかりうなずいている本人に続けて説明しました。

「言葉には不思議なパワーがあって、たとえ形だけでも『ありがとう』を連発していると、その波動に引っ張られて、**心があとから少しずつついてくる**ものなんです。いつもムカツクと声に出していれば、それがクセとなって心はつねに不満シンドローム状態になります。とにかくだまされたと思って21日間実験してみてください」

はじめは抵抗があっても、同じ行為を3週間継続すると脳のシナプス（脳神経細胞間接合部）が繋《つな》がって習慣となることが実証されています（ニューヨーク病院のMaxwell Maltz博士の研究など論文多数あり）。


彼にはほかに方法がなかったこともあって、はじめは仕方なく小声でボソボソと「ありがとう」と形だけ言ってみたそうです。すると驚いたことに、昔はよくつくってくれた彼の好物料理が出てくるようになり、しばらくすると「なにか食べたいものありますか？」と奥さんから声をかけられるようになったんだそうです。

「ありがとう。できたらロールキャベツが食べたいな」と、ここでも私のアドバイスを忠実に実行して、必ずなんにでも「ありがとう」と形だけ言ったご主人。

「ロールキャベツって簡単に言うけど、結構手間がかかるんですよ」と彼の奥さん。

いままでの彼なら、ここで間髪を入れずに「うるさい！　なにを言ってるんだ。食事をつくるのが君の仕事じゃないか」と、まるで会社での仕事モードで反駁《はんばく》していたことでしょう。

ところが、21日間の「ありがとう」トレーニングですっかり自動的に「ありがとう」が口グセになった彼は、「ありがとう。手間だろうけど頼むよ。ありがとうね」と「ありがとうのサンドイッチ」をするまでに習慣化していました。


この夫婦は、いまではすっかり和合できていて、月に一度そろって温泉旅行をするまでになっています。

先日、彼が私に告げてくれました。

「伝ちゃん先生。形だけの『ありがとう』にこんなにもすごいパワーがあったなんて、いまでも信じられないくらいです。本当にありがとうございました！」

そう言って豪快に笑う彼の目には、うっすらと光るものがありました。

パートナーと長く一緒にいれば、お互いどうしても空気のような存在になります。すべてが「そうであって当然」と感じられ、感謝の気持ちが薄らいでいきます。

「あなた、ちょっと台所の電球取り替えて（＝取り替えてくれるのが当然）」

「このシャツ、クリーニングに出しておいてくれよ（＝出してくれるのが当然）」

男女ともに、こういう態度になってきて、相手を「ムッ」とさせます。

でも、若い頃もそうだったでしょうか？　おそらく「悪いけど」と最初に一言つけたはずです。そして、相手がそれをやってくれたときには「ありがとう」を言ったはずです。なんで、月日を重ねると省略しちゃうんでしょう？

50代ならまだ取り返しがききます。

もう一度、夫婦間の「ありがとう」を復活させてください。

「あたりまえ」モードで生活するか、それとも「ありがとう」モードで生きていくのか。同じ「あ」で始まる5文字のコトバでも、天と地の開きがありますよね。

50代は「悩んでいる暇」なんてない！

「時間を有効に使える」法

「いまの若い人たちは、自分で考えるってことをしないんですよね」

と、ある大企業の部長が嘆いていました。仕事でなにかわからないことがあると、すぐに聞いてくるというのです。

その部長は50代。

自分が新入社員だったときには、忙しく働く先輩たちを盗み見て仕事を覚えた。それなのに、いまの連中はそうした努力をせずに、聞けば教えてもらえると思っているのがけしからんというわけです。

「そうだ、そうだ。まったくだ！」

もしかしたら、あなたも膝を叩いて同感するかもしれませんね。でも、実際にはあなただって、若い頃は同じように上司をイライラさせていたかもしれませんよ。

「怒るな若者、己の来た道　笑うな老人、己の行く道」――。

こんな標語がよく公衆トイレなどに貼られています。まさにその通りなのです。

そもそも、「わからないことを、その問題に詳しい人に聞く」というのは、きわめて合理的な行為と言えます。

わからないのに「自分で考えてなんとかしよう」としたら、正解に辿り着くまでにひどく時間がかかります。それどころか、間違ったところに行き着く可能性も大です。

だったら、最初から正しい道を教え、早くゴールさせてあげたほうがいいと思いませんか？　その成功体験によって彼らは成長し、やがて「自分で考える」という能力も磨いてくれるはずです。

「素直にすぐに聞く」「真心ですぐに教える」というやり方は、上司にとっても部下にとっても、いい結果をもたらしてくれるのです。

❁「1日の価値」がどんどん増してくる！

逆に考えると、あなた自身にとっても「わからないことは、どんどん聞く」という姿勢が必要になります。

50歳を過ぎたら、人生の時間はだんだん限られてきます。

その貴重な時間を「どうしたらいいのかな」と迷って過ごすのはもったいない。

さっさと正解を得て、快適な状態をつくるべきです。

もっと、「教えてください」と言いましょう。しかも、自分の部下世代、子ども世代といった若い人たちに、いろいろなことを教えてもらいましょう。

新しいアプリケーションの使い方。

いま、流行っている歌。

かっこいいスポーツウェアの着こなし。

お土産に喜ばれる美味しいスイーツ。

こうしたことを、50代の経験値だけで探ろうとしたら、かなり的外れになるケースもあります。けれど、アプリのコツなどは若い人に聞いたなら、ズバリ！　いい直球が返ってきます。よけいな時間を費やさずして、最高の答えが得られるでしょう。

仕事の知識や数々の社会経験においては、若い人より50代が上。だから、若い人が50代にそれを聞いてくるのは当たり前。聞いてきた人には、どんどん教えてあげましょう。

でも、それ以外のことは、**年齢と詳しさは比例しません**。「自分の半分も生きていない若者にものを聞くなど恥」といった発想は超ナンセンスです。「50代だからこそ無知な分野」があって当然なのです。

若い人たちに媚びる必要などありません。

でも、50代と20代の差なんて、しょせん30年。そんな月日は宇宙の歴史に比べたら、ほんの「瞬間」です。

こだわるほうが**宇宙から見たら未熟者**だと思いませんか？

宇宙から見れば、

みんな同じ「未熟者」

人を一人前にしてこそ「人生、合格」

「人事に満足できる」法

日本の企業は長く、年功序列制度をとってきました。出世のスピードに違いはあっても、基本的には、右肩上がりで地位は上がっていきました。

ところが、20年くらい前でしょうか。

「これからは、かつての部下が上司になる可能性がある」といったことが、しきりに言われるようになりました。「ふーん、そんなもんかね。それは大変」と呑気に構えていた人たちに、いまそれが現実となっています。

大手菓子メーカーに勤めている50代後半のCさんは、30代から40代にかけてとんとん拍子で出世しました。いくつかの部署を異動する中で、何十人もの若者を部下として指導してきました。それだけ業界も活気があったのです。

ところが、少子化のあおりで、消費者の購買傾向に変化が見られるようになりました。「子どもではなく大人たちに菓子を売る」という新しい発想が必要になり、Cさんの会社でも大きな組織改革が行なわれました。

人事部に呼ばれ「新しいプロジェクトに関わってほしい」と言われたCさんは、もちろん自分がプロジェクト長になるのだと思っていました。

しかし、実際には**10歳ほど年下のかつての部下がリーダー**で、Cさんは「単なるオブザーバー」的立場にすぎませんでした。

このことに深く傷ついたCさんは、新しい上司であるかつての部下と目を合わせることができなくなり、プロジェクトチームに微妙な空気を生み出す結果となりました。

誰もがCさんに腫れ物に触るように接し、それがさらにCさんを傷つけました。

50歳からは「後進から喜ばれる」のも仕事

Cさんは結局、それから2年足らずで退社してしまいました。あと5年もすれば定年を迎え、みんなに祝福してもらって、会社をあとにできたはずです。しかし、再就職のメドすらないままに、とても中途半端な形で辞めることとなりました。

23歳で入社し35年以上も勤めた会社では、いいこともたくさんあったはずですし、間違いなく稼ぎ頭だった時代もあったのです。

そこにフォーカスすれば、卑屈になることはなく、若い人たちの手助けができたでしょうし、それこそプロジェクトになくてはならない存在でいられたはずです。

しかし、Cさんはそのチャンスを自ら手放してしまいました。

50代になると、取締役として会社に残れるか、定年で辞めていくことになるかがだんだん見えてきます。それはどちらが幸せかということではなく、「その人にとってのいい人生」が、宇宙のシナリオにしたがって用意されているだけです。

だから、定年組に入ったことは残念なことでもなんでもない。

問題は、定年までの年月をどう過ごすかです。

冷静に考えてみると、定年組に入るということは、サラリーマン人生は、ある時期からその立場もやや右肩下がりになっていくということでもあります。

これは当たり前の話です。65歳で辞めるそのときが、サラリーマン人生の頂点であるはずがありません。「あとから振り返ってみると、ピークは52歳だった」などと思える日が来るはずです。

しかし、それはあくまで会社での立場であって、人生そのものの価値ではありません。50代になれば、働き方にも立ち位置にも変化が出て当然です。その変化を堂々と受け入れればいいのです。

定年までの数年間を、**後進に喜ばれる知恵を与えられる人**として過ごすか、「あの人の扱いに困る」と言われる人として過ごすか。

前者を選んだほうが、幸せなのは言うまでもありません。

「我以外みな師」――ときに達観する

「部下がよく働くようになる」法

いまの50代は、上司から厳しく育てられた世代です。

若い頃は「上司の言うことは絶対」でした。上司に逆らうのは、「会社を辞める覚悟をしなければ、できなかった」と言っても過言ではないでしょう。

しかし、いまは違います。

「上司だってときには間違うよね」「上司にだって言うべきことは言ってもいいよね」という態度で部下たちは接してきます。

さて、これはあなたにとって嘆かわしいことでしょうか。

私は逆に「いいことではないか」と思うのです。

だって、実際、**上司だって間違える**のですから。

仏教に「我以外みな師」という言葉があります。

自分以外はみんな先生だと言うのです。

中堅証券会社で働くKさんは、8名の部下を抱える51歳の女性です。ときどき、女性管理職のためのセミナーで、講師を務めることもあります。

いまでこそ、部下との関係を築くのがうまいKさんですが、当初は大変な苦労をしました。

じつはKさんは、出産のために32歳で退職し、経験を買われて7年後に正社員として戻ってきた「復帰組」です。

不在だった7年の間に、職場環境は大きく変わりました。ＩＴ化が進み、顧客対応も以前のような対面型ではなくなりました。

戻ってきたKさんを迎えてくれたのは、かつての上司。しかし、実際にKさんにいろいろ新しいやり方を教えてくれるのは、後輩の若い男女二人でした。

Kさんから見ると、この二人がなんとも生意気。上から目線で、いちいち「カチン」とくる物言いをします。

しかし、現実に教えてもらわなければならないことが多く、イライラが募ってKさんは神経性胃炎になってしまいました。

これからは「部下からも学べる人」が、うまくいく

内科で紹介された心療内科の医師は、Kさんの訴えをじっくり聞いたうえで言いました。

「Kさんはその二人に対して、なんで不愉快に思うんだろう。実際にいろいろ教えてくれるんでしょう？　教えてくれるならありがたいじゃない」

言われてみれば、たしかに二人はちゃんと教えてくれています。

それなのに、なぜ不愉快に感じるのか。

それは後輩だったからです。

Kさんは「後輩に仕事のやり方を教えてもらっている」状況が悔しかったのです。おそらく、7年のブランクがあるにもかかわらず採用してくれた会社で早く実績を残したいという焦りもあったのでしょう。

「でも、だったらなおさら、その二人はKさんの味方と言えるんじゃないの？　もっといろいろ教えてもらったほうが得だよ」

医師の言葉にハッと気づかされたKさんは、それからというもの、彼らの上から目線に対し、徹底的に下の立場をとりました。

「もっともっと教えてください」という態度で接したのです。

すると、彼らもだんだん柔らかい態度になってきて、上から目線が消えていったそうです。

「結局のところ、彼らを硬化させていたのは、教えてもらうことを拒絶したがる自分だったのだ」と気づいたKさんは、いまでも「我以外みな師」を実践しています。

「部下が使えない」と嘆いている上司は、部下を「使おうとしている」からいけないのです。

「部下に学ぼう」くらいに構えていれば、イヤでも部下はいい働きをしてくれます。ましてや、50代になったらなおさら。

かつてのあなたがそうであったように、30代、40代の部下は働き盛り。さまざまな経験を積んでいる最中です。

彼らから学べるものはたくさんあり、学ばなければ損。お互いの立場の変化を歓迎し、有意義な50代を過ごしましょう。

迷惑をかけたり、かけられたり。人生、それがいい

「かっこいい50代だな、と思われる」法

中堅企業の営業部長であるAさんに、とてもショックなことが起きました。いつものように、数名の部下を連れて飲みに行ったときのこと。お店で倒れてしまったのです。

Aさんは、30名を超える部下を抱え、長く続いた不景気下でも業績を伸ばし、役員候補と目されています。部下たちからも「頼れる上司」と評価されていると、Aさんは自負してきました。

もっとも、その夜、Aさん自身は、なにが起きたのかほとんど記憶にありません。気がついたときには部下たちに支えられて、家に運ばれていたのです。

念のため、翌日、医者を訪ねましたが、これといった異常はなし。どうやら、期末を迎えて仕事がハードになっており、疲労が溜まっているところで深酒をしたのがいけなかったようです。

出社したAさんを見て、部下たちはみな「大丈夫でしたか?」と声をかけてくれます。しかし、かなり派手に迷惑をかけたことを知ったAさんは、これまでのように部下たちに快活に接することができなくなってしまいました。


来年、55歳になる女性Bさんは、ハイキングが大好きで地域の同好会に所属しています。先月も定例ハイキングに出たところ、途中で経験したことのない膝関節の痛みに襲われ、座り込んでしまいました。なんとか歩行再開できるまで待ってもらい、予定をショートカットして、ほうほうの体で帰ってきました。

「もう、同好会から抜けたほうがいいのかも」

自分のせいで仲間に迷惑をかけたことを気に病み、「また行こうよ」と誘ってくれる声にも素直に応じられずにいます。

「ああなりたいな」――40代に手本を見せる！

私たちは、自分では「まだまだ大丈夫」と思っています。

ただ、体も心も確実に老化しています。とくに体力面では、50歳を超えた頃から「あれれ？」「こんなはずじゃない」の連続となります。

そのことに多くの人が傷つき、「人に迷惑をかけるくらいなら引っこんでいたほうがいい」というマイナス思考に陥ります。

しかし、ここで発想を転換しなくてはなりません。年齢を重ねた人は、若い人よりも間違いなく貴重な経験をしています。しかし、肉体的にはできないことも増えていきます。じつは、そのときには、**堂々と周囲に迷惑をかけていい**のです。

忘れてはならないのは「人は誰でも老いる」ということです。そして、その**老いを若い世代に見せていく**のが、老いつつある人間の責務なのです。

「いやいや、すっかり世話かけて悪かったね。でも、助かったよ」

「これからも迷惑かけると思うけど、どうぞよろしくね」

こうして、「当然のこと」と受け止めている姿を見て、いつかは老いる若い人たちも「自分もああなればいいんだ」と安心できます。

しかし、そこで突っ張ってしまったらどうでしょう。

若い人たちも「自分も同様にああせざるを得ないんだ」と暗くなってしまうのではないでしょうか？

人間とは、文字通り「人と人の間」。

私たちは、「人と人の間」でしか生きられません。なにをどうがんばったって、人に迷惑をかけずに生きるということはできないのです。

迷惑をかけたり、かけられたりしながら、生きていくのが人間社会。

このことを素直に受け入れられるかどうかが、50代以降の人生を変えていきます。

それに、「人に迷惑をかけるべきではない」と身構えている人は、裏を返すと「人に迷惑をかけられるのはごめんだ」と考えているとも言えます。そうした歪んだ偏狭さを捨てるためにも、まずは迷惑をかける自分を許しましょう！

「孤独」の味わい方

「寂しさがなくなる」法

定年退職した男性を、「濡れ落ち葉族」と表現することがあります。

どこに行くにも奥さんにぴったりくっついて離れようとしないからだそうです。

それを嫌がっている奥さんはというと、子どもにべったり干渉してうるさがられたりしています。

どうも、人は年をとると一人でいるのが寂しくなるようで、家族に依存しがちになります。だから、その人が亡くなったりしたら、どう生きていいのかわからなくなってしまうのです。

お釈迦様が亡くなるとき、弟子たちは大変に嘆き悲しみました。

「お釈迦様がいなくなったら、私たちはいったいなにを頼りに生きていけばいいのですか?」

人目もはばからずに、おいおい泣いている弟子たちに、お釈迦様は静かにこう言いました。

「自灯明　法灯明」

これが、お釈迦様最期の言葉です。

灯明とは、照らす明かりのこと。「自」は自分、「法」は宇宙の真理です。

つまり、お釈迦様は「他を頼りとせずに、自分自身と宇宙の真理を拠り所に生きていきなさい」と弟子たちに教えたわけです。

私たちは、宇宙のシナリオによって一人ひとり完全なる人生を与えられています。

そうした状況にあって、**自分以外を拠り所にすれば道を誤る**。拠り所にしていいのは自分しかいないのだということです。

ここが、キリスト教と仏教が決定的に違うところです。キリスト教では万能の神がいて、人々はその神を拠り所に生きようとします。言ってみればピラミッドの頂点にいる神に下々のか弱き人間が従うイメージです。

しかし、仏教では一人ひとりが、**すでに拠り所としての価値を内に有している「ホトケ」である**と考えます。

❂「親はなくとも子は育つ」。だから心配なんかしない

先に述べたように私は臨死体験をしましたが、同じような経験を持つ女性から、じつに興味深いことを聞いたことがあります。

病気で夫を亡くしたその女性は、女手一つで三人の子どもを育てていました。ある日、歩道に突っ込んできた車にはねられ、救急車で病院に運ばれます。結果的には助かったのですが、あの世に行きかけました。

ベッドに横たわっている自分の姿を高いところから見て、自分が死ぬのだと思っ

たとき、まだ小学生の子どもたちのことがとても心配になりました。

「私がいなくちゃ、子どもたちは生きていけない」

心配したその女性は、残された子どもたちの様子を見に行くことになりました。

そこでは、数年後、数十年後の子どもたちの姿も見ることができました。

すると、女性の心配に反して、子どもたちはそれぞれ、自分の人生を精一杯生きて、立派な大人になっていくことがわかりました。

「なーんだ、心配なんてしなくても大丈夫だったんだ」

そう思ったときに、女性は現世に戻ってきたそうです。


家族といえども、一人ひとりに宇宙のシナリオによって決められた人生があります。それは、**その人自身しか生きることができない**ものです。だから、心配する必要はないし、心配してみても意味がありません。

誰にも依存せず、誰にも依存させず、「自分がいなければ」といった思い上がりも捨て、与えられた宇宙のシナリオを完遂する。あなたがすべきは、それだけです。

ご先祖様は「あなたの応援団」

「強い味方に気づく」法

「自分なんてどうせダメだ」

「たいしたことは、なにもやってこなかったし」

50代を迎えてこんな気持ちに捉われている人は、一度、「自分史」をまとめてみるといいでしょう。

過去のことは記憶が薄れ、まるでなにもしてこなかったかのように感じがちですが、そんなことはありません。

あなたは相当のことをやってきているのです。

自分史は、ノートを一冊用意してオリジナルをつくってもいいし、市販されている専用ツールを利用すればさらに簡単です（本書の読者のために、無料の自分史年表を用意しました。詳しくは、佐藤伝の公式サイト（http://satohden.com/）をご参照ください）。

自分自身についてはもちろん、そのときに流行った歌や、事件、政情など、オギャーと生まれてから今日までの記録を細かく記していきます。

いまはネットでいろいろ調べられるので、かなり詳しく書き込んでいくことができるはずです。

自分史をつくる過程では、「こんなこともあった、あんなこともあった。自分もなかなか頑張ってきたじゃないか」と思い当たることでしょう。

また、「家系図」をつくってみるのもいい方法です。

大げさなものである必要はありません。一枚の紙にあなたの両親、祖父母、曾祖父母……と辿っていきます。

名前や戒名、命日、どんな人物だったのかなどを年上の親戚に聞いていくと、案外、知らなかったことがわかってきます。

普段、交流の少ない遠方の年上の親戚とのコミュニケーションにもなりますね。「誰も知る人が残っていない」というなら、わかるところだけを埋めていけばＯＫです。

大事なのは、**「自分のバックにはこんなにたくさんのご先祖様がついている」**と気づくことです。だから、顔も名前もわからなくたっていいのです。

そろそろ「自分のルーツ」を見つめる

では、あなたには、何人のご先祖様がいるでしょうか？

ちょっと想像してみてください。

あなたの直前に両親がいます。まだたったの2名ですね。

ここに父の両親と母の両親世代が加わると、合計6名に増えました。とはいっても、まだたいした数ではありません。

では、ここにあなたの曽祖父母世代、つまり祖父母の両親世代が加わるとどうでしょう？　14名となりました。

さらに一代遡ると、30名に増えました。

次には62名、次には１２６名と「ねずみ算式」に増えていきます。

あなたの記憶の中には、せいぜい曽祖父母までしか残っていないでしょう。

しかし、その曽祖父母も突然降って湧いたわけではありません。さらにさらにご先祖様がいます。つまり、あなたは気の遠くなるような時間をかけて、つながれてきた命なのです。

あなたは**ご先祖様からの命のバトン**を受け取り、そのリレーの先頭を走っている選手です。

後ろで膨大な数のご先祖様が**「がんばれ、がんばれ、まだまだ行ける」**と応援してくれていることを忘れないでください。

気の遠くなるような時間をかけて、
つながれてきた命

「50にして天命を知る」には？

「人として、さらに成長する」法

ある大企業の部長が、腎臓の持病を悪化させて入院しました。

ここのところ体調がすぐれないのは自覚していましたが、部長は部下たちにも家族にもそのことを言いませんでした。大きなプロジェクトが進行している最中だったからです。

しかし、ある日の夕方、あまりにも強い疲労感に主治医を訪ね、即、入院を言い渡されました。

このとき、部長は奥さんの前で涙を流して悔しがりました。自分がいなければ、そのプロジェクトは中止に追い込まれるからです。

しかし、はからずも部長の予想に反して、プロジェクトは順調に進行しました。

部下たちは、「部長のためにもがんばります」と言ってくれ、本当にやり遂げてくれたのです。経過報告に病院を訪れる部下たちを見て、奥さんは夫が恵まれていることを喜びました。

ところが、部長はどんどん不機嫌になっていきました。

「自分がいなくてもプロジェクトが回る」という事態をどうしても受け入れることができなかったのです。

そもそも、**「その人がいなくては回らない」**ことなど世界に一つもありません。

しかし、あちこちで思い違いが起きています。

「顧客対応は、店長である俺しかできない」

「私のつくったものでなければ、息子は食べないの」

こうして自分で抱え込み、誰かにそれを任せることをしない人が、真面目な日本人には多いのです。

なにかにつけて「自分がいなくちゃ無理」と考える人は、じつは古いものを手放したくないだけです。いわゆる「既得権益《きとくけんえき》」（すでに手にしている権利や利益のことです）を守ろうとしているわけです。

しかし、私たちには2本の手しかなく、あれもこれも持ち続けることなど不可能です。古いものを手放さずにいたら、新しいものはけっしてつかめません。逆に言えば、**「手放せば入ってくる」**のです！

50代になったら、いま手にしているものは若い世代にどんどん譲りましょう。譲ると考えるのが悔しかったら「押しつける」でいいでしょう。

「私にできることはほかの人にもできる」と考え、渡していく。すると、新しい価値ある仕事がどんどんあなたの手元に入ってくる。その仕事もまた、時期が来たら若い世代に渡していくのです。

この「パス」をしないで抱え込んでいると、気づいたときには、おそろしく古びた**使い道のないツール**を握りしめた老人になってしまいます。

5章

強い50代は自分だけでなく、人も幸せにする

まずは、今日を「幸せに生きる」

「老い先が怖くなくなる」法

50歳を超えるようになると、身近な「訃報」に接する機会が増えていきます。

先日も私は、親しくしていた友人をガンで亡くしました。仲間の一人は、彼の死が相当にショックだったらしく、プチうつ状態に陥ってしまったほどです。

友人を失ったショックが大きいのは、もう一緒に過ごすことができないのだという悲しみと、自分もそんな年代になってきたのだという恐れの、両方があるからでしょう。

私たちは、**できるだけ長生きしたいし、死にたくない**と思っています。

友人や家族、ましてや自分が死ぬなんて、とうてい受け入れがたいことなのです。

でも、死は間違いなくやってきます。その現実を、いったいどう考えたらいいのでしょうか？

私たちが危険性の高い手術や治療を受けるとき、前もって医師から「致死率」についての説明を受けます。致死率とは、手術や治療によって、死んでしまう可能性がどのくらいあるかということです。

たとえば、あなたが軽い気持ちで脳ドックに入って検査をしてみたら、手術が難しい場所に脳動脈瘤《どうみゃくりゅう》が見つかったとしましょう。そのまま放っておけば、動脈瘤が破れて大出血を起こす危険がある。しかし、難しい手術ゆえ、手術中に命を落とすこともありうる。

このとき、致死率3パーセントだという説明を受けたなら、おそらく手術に踏み切れるでしょう。

でも、30パーセントと言われたらどうでしょう？

相当悩むはずです。致死率は徹底して低くあってほしいのです。

❁人生後半、全部幸せに生きる極意

しかし、よくよく考えてみると、私たちの致死率はいつだって100パーセントなのです。なにをどうあがいてみても、私たちは100パーセント確実に死にます。

いま、50歳だろうと60歳だろうと、あるいは3歳だろうと赤ちゃんだろうと、そして、どれほど健康だろうと、私たちはみんな、オギャーと生まれたその瞬間から死に向かってカウントダウンしているのです。

私たちは誰もが、**「死までの余命を生きている」**と言えます。

こんなことを述べると、暗い気持ちになってしまう人がいるかもしれませんね。

「そうか、死んじゃうんだから、がんばってもしょうがないか」と。

でも、それは逆です。

人はみな、死に向かってゆるやかに準備しているからこそ、貴重な「いま」という時間を有意義に過ごさなくてはいけない。そして、それを邪魔する**マイナス思考は、どんどん捨て去っていい**ということなのです。

「ひどい高血圧だから、飛行機に乗るのが不安」

「ガンがいつ再発するかと思うと、怖くてたまらない」

「ずいぶん視力が衰えてしまった……」

こうした死や老化を恐れるさまざまな思考は、全部捨ててしまいましょう。


ずいぶん、無責任なことを言っているように聞こえますか？

そんなこと、できっこない？

でも、いまを幸せな気分でいることを妨げるマイナス感情は、持っていても意味がありません。意味がないどころか、あなたの人生の質（QOL＝クオリティ・オブ・ライフ）を確実に下げます。

私たちの人生は、いまという時間の積み重ねです。いまを不安に生きていたら、あなたの余命は全部、不安だらけなものになります。

逆に、**いまを幸せに生きていれば、余命は全部、幸せ**なのです。

だからこそ、その邪魔をする要素は捨て去るに限るのです。

上手にあきらめる法、上手に忘れる法

「クヨクヨしなくなる」法

私たちは、変えようのないことについて、思い詰めることがあります。

たとえば、過去の出来事や、与えられた環境などについて、恨みがましく思い、ムダな時間を過ごしてしまいます。

先に、私たちは「いま」を生きるしかないと述べましたが、さらに言うならば、**「いま・ここ・わたし」を生きるしかない**、ということです。

ある生活用品メーカーに勤める男性は、今年52歳になります。

学生時代に学んだ化学の知識を活かして、商品開発部門で順調に出世の階段を上ってきました。ところが、これまでとてもドメスティックだった会社が外資系企業と合併することになったのです。

その男性は困りました。

というのも、彼は英語が苦手だったからです。結局、新しい体制下で後輩に追い抜かれる事態となりました。

「学生時代、思い切って留学しておけばよかったな」

男性は、そのことをひどく悔やんでいます。

実際、学生時代、ゼミの教授からアメリカへの留学をすすめられていたのです。

ただ、当時、企業から引く手数多《あまた》だった彼は、「早く仕事で実績を上げたい」と、卒業後すぐ就職してしまいました。

「あの判断が人生最大の失敗だった」

と、いまになって昔を振り返ってばかりいるのですが、どうしたってそこに戻ることはできません。

❁「明らかに観る」のが「あきらめる」コツ

この男性に限らず、考えても仕方のないことをグジグジ考え、大切な毎日を台無しにしている50代は結構、多いものです。

彼らは、自分の人生に、**わざわざ「欠けたところ探し」をしている**のです。

「あの人のような恵まれた環境だったら……」

「若い頃にもっと経験が積めていれば……」

自分には○○がないからうまくいかないんだと考えます。こういう人は、何歳になっても初詣で願うことは同じ。

「今年こそは○○できますように……」

もし、その○○が手に入ったら、次は「今年こそは××できますように」と、毎年毎年せっせと「欠けたもの探し」を繰り返しています。

50歳でこれをやっているようだと、70歳になっても、80歳になっても同じことをすることになります。

それどころか、そろそろ人生の幕引きを考えなければならない時期に来ても、

「あれが足りない、これが足りない」と言い続けることでしょう。

「いまここにいる私という人間を生きるしかないのだ」

こうあきらめて、すべてを受け入れて生きる人だけが、その人生を最大限に輝かせることができます。過去への思いや、未来に対する妄想をあきらめたときにこそ、本当の「いま・ここ・わたし」を生きることができます。

「あきらめる」などと言うと、ずいぶん後ろ向きに聞こえるかもしれません。

しかし、仏教的に考えると、「あきらめる」は**「明らかに観る」**ということ。あきらめることによって、本質を見抜くことができるのです。

学生時代に留学しなかった人は、留学しなかったときもその「いま」を生きていました。留学しなかったのはそのときの必然で、果たせなかった留学について思いをいたすことにはなんの意味もありません。

そうして本質にフォーカスできたときに、はじめて人は、他人の人生ではなく自分自身の人生を歩むことができます。

「家族みんな健康で仲良し」なら、すべて良し

「現実に十分満足できる」法

もうすぐ70歳になる男性、Kさんは老人向けの施設に入ろうか迷っています。奥さんは、Kさんがまだ会社勤めをしていた10年ほど前に他界しました。結婚してすでに家を出た二人の息子は、Kさんと一緒に暮らそうとは言ってくれません。

一人になっても、会社勤めをしていた頃は、食事は外食、掃除は業者に頼んでいました。しかし、退職して5年。家事もろくにできないKさんは、これ以上、大きな家に一人で暮らすのは限界だと感じています。

家族のために一生懸命働いて、せっせとローンも支払ってきたのに、いまではその家にいるのは自分一人。

一口で言ってしまえば、Kさんは孤独なのです。

Kさんが施設に入ろうかと思い始めた一番の理由は、家事の大変さではなく孤独感です。施設には、自分と同じような仲間がいるだろうと考えているのです。

先日、買い物に行ったスーパーで、Kさんは一人のおばあさんを見かけました。そのおばあさんは、買った品を手押し車についているカゴに入れようとしています。でも、大根やらキャベツやら大きくて重いものがうまく入れられず、ずいぶん手間取っています。

周りにいる人は誰も助けようとしません。Kさんは、思わず近寄って「手伝いましょう」と言いました。

すると、驚くことにおばあさんは「うるさい、うるさい」とKさんの手を振り払ったのです。その表情はなんとも憎々しげ。予想もしなかった反応に、Kさんは心が凍りつくような感じがしました。

そこに40代とおぼしき女性が来て、Kさんに言いました。

「放っておいたほうがいいですよ。いったいなにがあったんだか知らないけれど、誰に対してもああなんですよ」

周囲の人たちが助けようとしなかったのは、みなKさんのように嫌な思いをした経験があるからのようでした。

Kさんはこのとき、とてもゾッとしました。おばあさんから漂う孤独感が他人事とは思えず、「僕だってもしかしたら、ああなりかねない」と恐ろしくなったのです。

❁幸福の正体は一体感、不幸の正体は分離感

私たちには「幸福」「不幸」という概念があります。

では、それはなにによって決定づけられるのでしょうか。

お金があれば幸福でしょうか？

もし、そうならば、いったいいくらのラインで分かれるのでしょうか？

たとえば、年収800万円あれば幸福で、それ未満なら不幸ということはありま

せん。年収2000万円でも不満だらけの人がいる一方で、年収300万円足らずでも「幸せにやっています」と言う人は大勢います。

そして、幸せだと言う人の多くが、その理由として**「家族みんなが健康で仲良し」**を挙げます。つまり、温かい人間のサークルに自分が属していることを認識していれば、人は幸福感を得られるのです。

「仕事こそ生き甲斐だ」と言う人たちは、仕事で成果を上げることが自分の幸せだと思い込んでいますが、じつはプロジェクトメンバーたちと成功を分かち合えることに幸せを感じているのです。

私たちの**幸福の正体は「一体感」、不幸の正体は「分離感」**です。

学校でいじめにあった子どもが自殺するほどつらく感じるのは、まさに分離感を与えられるからです。

この感覚はいくつになろうと変わることはありません。分離感こそが、Kさんを戸惑わせたおばあさんを頑《かたく》なにしているのではないでしょうか。

子育てをしながら会社勤めをしているときは、毎日たくさんの人の中にいます。あなたもまだ、孤独感とは無縁で、「たまには一人になりたい」と思っているかもしれません。

しかし、あと10年もすると状況はガラリと変わります。現実問題として、周囲から人が減っていくのです。

50代から心がけておきたいのが、将来にわたって**一体感を味わえる人の輪**をいまからできるだけたくさんつくっておくということです。それは、そのまま幸福感をもたらしてくれます。

しかしながら、このアドバイスをまともに受けてくれる人が、50代のとくに男性には少ないのです。彼らは「人間関係」と言えば職場にしか存在しないと考えているのかもしれません。

会社以外のコミュニティに関心が持てないのは、自分の10年後に対する想像力が欠如しているだけです。一度、Kさんやおばあさんの視点に立って自分の今後を想像してみましょう。

50代から始める「備えあれば憂い無し」「60代、70代が楽しみになる」法

50代の女性Jさんは、昨年、同年代の夫をガンで亡くしました。

Jさんが病院のベッドを片づけていると、夫が書いたらしい遺言書が出てきました。葬儀が一段落して、Jさんはそれを開封してみました。そこには「すべての財産は妻に」という内容のことが書かれていました。

Jさん夫婦には子どもがいなかったため、この遺言書は重要な意味を持っていました。子どもがいない場合、配偶者のほかに、亡くなった人の親、親がいなければ兄弟姉妹にも相続権が発生するからです。

しかし、Jさんはそんなことはまったく知りませんでした。夫がそんなに早く亡

くなるなんて思ってもいなかったし、看病でそれどころではなかったのです。手書きの遺言書は家庭裁判所での検認手続きが必要だと聞いた女性は、それを持って管轄の家庭裁判所に行きました。

しかし、「封印がされているのに開封したものは受けつけられない」と言われてしまいました。

亡くなった夫には、施設に入っている高齢の母がいます。この母親にも相続権があるために、Jさんと母親とで「協議書」をつくらねばなりません。ただし、母親はアルツハイマーを患っていて、事態をよく理解できません。後見人を立てて手続きを進める必要が出てきました。

「少しでも面倒がないように」と書いてくれた夫の遺言書は、開封してしまったJさんの不注意のせいで、生かされることがありませんでした。

「相続するほどのものはないのですが、とにかく手続きが大変でした。ただでさえ気持ちが沈んでなにもする気が起きないのに、あっちに行ったりこっちに行ったり。

でも、それをやらないと、どうにもこうにもならないのです」

❁「60代の自分」が見える遺言書のすすめ

Jさんが経験したように、法治国家において相続手続きは簡単ではありません。あなたが男性であろうと女性であろうと、財産なんてほとんどなくても、**残された家族のために遺言書は書いておくべき**です。

ただし、「自筆証書遺言」は日付や署名など、いくつかの必須条件が満たされていないと遺言として認められないし、相続権のある人間が立ち会って、家庭裁判所で開封しなければなりません。

条件が満たされないと、亡くなった人の遺志が反映されるかどうか、難しいところです。

そこで、公証役場に行って「公正証書遺言」を残してはどうでしょう。

公証役場は敷居が高いと思うのは決めつけ。訪ねて行って、書き残したい内容を告げれば、そのために必要な書類などを教えてくれます。

文書は役場がつくってくれますから、あなたは内容を確認するだけ。必要な捺印をして、あなたが1通保管します。たとえ火事などで焼けてしまっても、役場に原本が残っているので確実に執行されます。

また、気が変わった場合には新しくつくり直せば、古いものは一切、適用されません。手数料はかかりますが、安心できるシステムです。

いつかは必ずやってくる死。しかし、自由に体が動かなくなってから「しまった」と思うより、いまからできることはやっておきましょう。


きちんとした遺言書をつくってみることは、社会的勉強になるだけでなく、**自分自身と面と向かう作業**でもあります。

「私は自分の人生をどう考えているのか」

「どんな幕引きになることを望んでいるのか」

50代にとって必須のテーマを、じっくり考えるきっかけを与えてくれます。

「面白そうだ」と思うから人生、面白い

「生涯現役でいられる」法

私は「新しいもの」が好きです。

ですから、携帯電話が普及したときも、それがスマートフォンに替わったときも、タブレットが出てきたときも、すぐに飛びつきました。

そんな私を見て、同年代の評価は真っ二つに割れます。

「もう若くないんだからほどほどにしたら」

「自分たちの世代はもっとアナログを大事にしないと」

といったやや批判組。

「いいね、いいね。これからはなんてったってデジタルでしょう」

「やらないやつは、遅れているよね」

私に近いITノリノリ組。

しかし、デジタルがいいかアナログがいいかという議論は、あまり意味があることには思えません。

それは、父親と母親のどちらが大事かと言っているようなもの。**どちらも大事**に決まっています。

ある60代の女性占い師は、5年ほど前から、お客さんからの問い合わせはインターネット経由でしか受けつけないシステムに変えました。

鑑定の申し込みはもちろん、料金システムなどに関する質問についてもすべて、ホームページのフォーマットからしかできない徹底ぶりです。

記入漏れがあればアクセスできないから、いたずらや面白半分の問い合わせが激減したと、その効果を喜んでいます。

しかし、その陰には、うまくフォーマットに書き込むことができなくてあきらめてしまった人や、冷たい印象を受けて離れていった人がいるはずです。

極端なデジタル化が、いい効果ばかりもたらしたとは思えません。

すぐ「否定しない」

一方で、この時代にデジタルを拒否するのもナンセンスです。

新しいツールが生まれるのは、それを使うことで確実に便利さが増すからです。

そして、その「便利」は、本人だけでなく周囲にまで及びます。

「じゃあ、このメンバーの連絡はラインで行ないましょうか」とプロジェクトリーダーに提案されたときに、「私はやりません」では困るのです。

「俺は新しいものに飛びついたりしない」と斜に構えている人には、「ではなぜ、私たちは平成の世に生かされているのでしょうか」と問いたいところです。

室町時代でも明治時代でもなく、私たちは平成という時代を生きています。そして、そこには、人類がつくりあげたツールがあります。

そのツールを使いこなすことが、**その時代に生かされている人間の使命**ではないでしょうか。

私たちは偶然、平成の時代に生まれたわけではなく、「ご縁」という不思議な力の作用でこの時代を生きているのです。

50代から、どんどん新しいツールを使いましょう。

覚束《おぼつか》ない手つきでいいではありませんか。

キーボードアレルギーを訴える50代は、たいてい「マニュアル通りに指を動かさなければならない」「ブラインドタッチをしなければ」と真面目に考えすぎています。パソコンのキーボードなど、左右の人差し指だけの「雨だれ方式」で打ってもいいのです。

スマホの使い方がわからなければ、そのときこそ若い人たちとコミュニケーションを取るチャンスです。

どんどん聞いて教えてもらいましょう。

できない「設定」があったら、「やってくれない？」とずうずうしくお願いしてしまいましょう。

仕事はもちろん人間関係においても「現役」でいたいなら、これからもどんどん登場するだろう新しいツールは積極的に取り入れることが不可欠です。

否定からはなにも生まれません。

まずは「面白そうだ」と手に取ってみましょう。

まさに**人生はユカイなラボ（実験場）**なのですから。

「みんな違うから、みんないい」

「悠然と生きられる」法

52歳になる主婦のMさんは、もう10年近くも近所のスーパーで総菜づくりのパートを続けています。

長年の経験を買われ、正社員がするような重要な仕事も任されています。ほかのパートさんも、そんなMさんに指示を仰ぎ、Mさんはリーダーとして現場を仕切っていました。

ところが、最近になっていろいろ問題が出てきました。

問題の一つは、人手不足で会社が外国人のパートを雇うようになり、さまざまな価値観の違いが浮き彫りになってきたことです。

「私はこの日に休みたいんです」

「私ばかり、この仕事をさせられるのはおかしい」

「仕事は残っているけれど、時間がきたから帰ります」

みな、それぞれに勝手なことを言い、Mさんが注意すると、「どうしてMさんに指示されるのかわからない」と反論されます。

これまでだったら、いろいろお互いに都合しながらできたことが難しくなり、Mさんはイライラすることが増えました。

いま、どこの企業にも、あるいは地域コミュニティにも、**ダイバーシティ（多様性）**の波が押し寄せています。外国人が増えたからというだけでなく、そもそも個人の価値観が多様化しているのです。

もともと、島国で暮らす単一民族の日本人は、似たような人たちに囲まれていました。だから会社においても、上司が言うことに同調して動くことに異議を唱えづらい土壌が生まれました。

しかし、いまは違います。

ダイバーシティは世界の趨勢《すうせい》であり、止めることなどできません。多様化を嫌うのではなく、**多様化を受け入れる思考が絶対に必要**とされる時代なのです。

「壮大な世界観」に触れよう

50代からは「一体感」が必要とされる年代です。

一体感とは「似たもの同士」の団体で得られるものではありません。そうした団体においては、むしろ「自分と少しでも違う」ものを排除する動きが出てきます。

個性の違う一人ひとりが、それぞれの働きをして助け合い、支え合えたところでこそ、真の一体感は得られるのです。

私は、**「みんな違ってみんないい」**のフレーズで有名な、金子みすゞの詩『私と小鳥と鈴と』にこそ、そのカギが隠されていると思っています。

私が両手をひろげても、

お空はちっとも飛べないが、
飛べる小鳥は私のように、
地面を速くは走れない。
私がからだをゆすっても、
きれいな音は出ないけど、
あの鳴る鈴は私のように
たくさんな歌は知らないよ。
鈴と、小鳥と、それから私、
みんなちがって、みんないい。

金子みすゞは人間とほかの生き物、さらにはモノに対してまで独自の価値を認めています。それこそが壮大な世界観を持つためのカギなのです。
この壮大な世界観を自分の人生観にインストールできたら、仕事で自分と違う意見が出るなんていうのは、あまりにも当然でかつ健全なことだとわかるでしょう。

みんなちがって、みんないい

「50年間の智恵」こそ、あなたの財産

「人を幸せにする」法

あなたは、フェイスブックやブログをやっていますか？

まだ、やっていなかったら、ぜひともチャレンジしてみてください。そして、そこでさまざまに情報発信してください。

でも、私がこう提言すると、多くの50代が拒否反応を示します。彼らは、決まってこう言います。

「僕が発信した情報なんて、誰が読むのさ」

誰かが読むのです。

あなたが書いた1行を、世界のどこかにいる一人の人間が読むかもしれない。そ

れによってその人は、助けられたり、勇気づけられたりするかもしれない。

だから発信する価値があるのです。**あなたにしか書けない内容があり、あなたにしか伝えられない人がいる**のです！

お釈迦様は、インドラの網《あみ》という言葉を用いて「世界はやがて網の目のようになる。その網の目と目の間は光り輝く玉になってみんなを見ている」と予言しました。まさに、インターネット時代の到来を知っていたかのようです。

あなたはこれまで、子どもたちや部下に対してあれこれ伝えてきたわけですが、それはあくまで、限定された人に対しての限定された情報伝達でした。

しかし、インターネットでは、あなたはもっと自由に自分の伝えたいことを世界中の人たちに発信することができます。

過去を振り返ってみればわかることですが、若い頃は小さなことに悩むものです。20代や30代の悩みは、50代から見れば「そんなこと、たいした問題じゃない」と思えることがほとんど。

それでも、彼らは真剣に悩んでいます。

なぜなら経験が少ないから。

人は経験したことについては自信が持てるけれど、**未経験分野には不安が先行し**ます。だから、50代の人たちが自分の経験について発信することは、20代や30代にとって「読む価値のあるもの」となり得るのです。

「かつて、こんな失敗をしたけれど、結果的にいい経験となった」

「こんなときは、こう考えると乗り切れた」

どんな小さなことでもいいから、読んでいる誰かを「エンカレッジしよう」と思って書いてみましょう。それによって、自分自身も勇気づけられていくのがわかるはずです。

❂「若い人の見本になる」と考えると、人生うまくいく!

インターネットの情報発信で最悪なのが、グチや悪口の類です。

「○○屋の××店で、ひどい対応をされた。店長はこいつだ」

「うちの会社の部長は無能なくせに……」

こんなことを、本人が特定されるような写真や固有名詞を入れてネットに載せる人がいますが、それを書いて幸せがやってくるでしょうか。

絶対に「ＮＯ！」です。

ましてや50代でそれをやったら、若い世代の見本になりようがありません。

ブログやフェイスブックは、目の前に読者が立っているわけではありません。その場で読者の反応を見ることができないので、気をつけないと暴走します。

また、一度アップしてしまった記事は、あなたが削除しても一人歩きして取り返すことができません。ここがネットにおける情報発信の怖いところだと心得ておいてください。

一番いいのは、自分が負の感情に支配されているときは書かないことです。

嫌なことがあったとき、「このことを書いてみんなに読んでもらおう」と思いがちですが、そういうときには書かない。

感情に走らず一晩置いてもう一度考え直してみてください。

「ああ、書かなくてよかった」と思うはずです。

あるとき、個人的に相談された案件があって、私も誠意を持ってなんとかしてあげたいと対応していました。

ところが、私が何度メールを出しても一向に一言も返事がなくて、「そっちから頼んだのになぜ無視するんだ？」とイライラモードになったことがありました。

夜中に怒りをぶちまけたメールを書き上げて（たいがい負のメールは夜に作成されて送信されます）、そのまま寝入ってしまいました。

翌朝、下書きをフォルダに入ったまま未送信になっていた自分の邪気にまみれたメールを読んで、なんだかとてもイヤーな、そしてじつに情けない思いでいっぱいになりました。

ふと気になって迷惑メールフォルダをのぞいてみると、なんと相談を持ちかけてきた人からの何通もの丁寧な返事が！

「○○して当たり前だ」とイライラモードになっていた自分がとても恥ずかしく、「ああ、送信しなくて本当によかった！」と、深く深く内省したという苦い経験があります。

人が怒りモードに入るときというのは、自分が被害者だと思ったときなんです。この被害者意識で人生を送る人は、たえずイライラ・カリカリしていつもなにかに怒っています。

50代からの情報発信は、被害者意識をサラリと手放して人を幸せな気分にするものに限ります。

本書は、本文庫のために書き下ろされたものです。

佐藤 伝（さとう でん）
【ひとりビジネスと行動習慣の専門家】

一九五八年、福島県出身。明治大学卒。都心にて創造学習研究所を三〇年間にわたって主宰。NHK『おはよう日本』や『日経ビジネス・アソシエ』で習慣のエキスパートとして紹介される。問題解決と夢実現ツールである9マス（ナイン・マトリックス）の達人として海外のマスコミでも話題。脳外科医の父から科学的アプローチ法を学び、仏教学者の祖父からはスピリチュアルな奥義を伝授される。氏の一貫したテーマである「習慣」に関する著作は、100万部を突破している。上場企業や教育機関での行動習慣に関する講演は、わかりやすく具体的ですぐ実践できるとその即効性が大好評。「なんとなくイイ気分」で生きることが最もだいじと独自の理論を展開、そのスピリットを学べる「行動習慣ナビゲーター（Dream Navigator®）」のプログラムは超・人気講座となっている。国際ナイン・マトリックス協会会長

佐藤伝・公式サイト http://satohden.com
行動習慣ナビゲーター・公式サイト
http://kodoshukan.jp

知的生きかた文庫

50代《だい》から強《つよ》く生《い》きる法《ほう》

著者 佐藤《さとう》 伝《でん》
発行者 押鐘太陽
発行所 株式会社三笠書房
〒一〇二-〇〇七二 東京都千代田区飯田橋三-三-一
電話〇三-五二二六-五七三四〈営業部〉
〇三-五二二六-五七三一〈編集部〉
http://www.mikasashobo.co.jp
印刷 誠宏印刷
製本 若林製本工場

ISBN978-4-8379-8331-6 C0130

C50246